푹신푹신 말랑말랑

귀여운 동물
털철사 인형 만들기

키타나카 아츠시 저 | 이언정 역

YoungJin.com Y.
영진닷컴

푹신푹신 말랑말랑
귀여운 동물 털철사 인형 만들기

MORU DE TSUKURU KAWAII DOUBUTSU MASUKOTTO
- MAGETE · NEJITTE · MAKITSUKETE
ⓒ Atsushi Kitanaka 2012
Photographs: Narumi Shimose and Yasuo Nagumo

This Korean edition was published by Youngjin.com in 2017 by arrangement with Japan UNI Agency, Inc. through KCC(Korea Copyright Center Inc.), Seoul.

이 책은 (주)한국저작권센터(KCC)를 통한 저작권자와의 독점계약으로 (주)영진닷컴에서 출간되었습니다. 저작권법에 의해 한국 내에서 보호를 받는 저작물이므로 무단전재와 복제를 금합니다.

ISBN 978-89-314-5560-1

독자님의 의견을 받습니다.
이 책을 구입한 독자님은 영진닷컴의 가장 중요한 비평가이자 조언가입니다. 저희 책의 장점과 문제점이 무엇인지, 어떤 책이 출판되기를 바라는지, 책을 더욱 알차게 꾸밀 수 있는 아이디어가 있으면 팩스나 이메일, 또는 우편으로 연락주시기 바랍니다. 의견을 주실 때에는 책 제목 및 독자님의 성함과 연락처(전화번호나 이메일)를 꼭 남겨 주시기 바랍니다. 독자님의 의견에 대해 바로 답변을 드리고, 또 독자님의 의견을 다음 책에 충분히 반영하도록 늘 노력하겠습니다.

이메일 _ support@youngjin.com
주 소 _ (우)08505 서울시 금천구 가산디지털2로 123 월드메르디앙벤처센터2차 10층 1016호 (주)영진닷컴 기획1팀
파본이나 잘못된 도서는 구입하신 곳에서 교환해 드립니다.

STAFF

저자 키타나카 아츠시 | 번역 이언정 | 총괄 김태경 | 진행 김연희 | 표지 · 내지 디자인 고은애 | 인쇄 제이엠

푹신푹신 말랑말랑
귀여운 동물
털철사 인형 만들기

저자의 말

털철사가 만들기 간단하고 재미있다는 것을 알려 준 것은 막 초등학교와 유치원에 입학한
저의 아들들이었습니다. 아이들에게 털철사를 쥐여 주면 구부리고, 꼬고, 비틀어서
순식간에 좋아하는 동물이나 음식들을 만들며 즐거워하는 모습이 떠오릅니다.

작은 손을 꼬물거리며 만든 작품은 '완벽하게 예쁘다!' 라고 보긴 어려웠지만,
아이들은 '스스로 직접 무언가를 끝까지 만들었다' 라는 성취감이란 감정을 굉장히 만족해했고
또한, 털철사를 자유자재로 구부리며 창작 의욕을 불태우기도 했습니다.

털철사 아트는 약간의 요령만 있으면 금방 푹신푹신하고 귀여운 동물들을 만들 수 있습니다.
아이들부터 손으로 무언가를 만드는 것을 좋아하는 성인들까지 함께 즐길 수 있어요.

저는 책에서 소개하고 있는 여러 동물들을 직접 독자분들이 만들면서 즐거운 시간을 가졌으면 좋겠습니다.
손으로 털철사를 자유자재로 구부리고 꼬면서 멋진 작품들을 만들며 털철사의 매력에 푹 빠져 보길 바랍니다.

-키타나카 아츠시-

차례

털철사 강아지 모임

포메라니안부터 닥스훈트, 치와와, 토이푸들까지 다양한 종의 털철사 강아지들을 소개해요!

만드는 법 | 37페이지

♥
포메라니안
풍성한 털이 매력적인 포메라니안

만드는 법 | 40페이지

♥
닥스훈트
다리가 짧고 몸통이 긴 닥스훈트

만드는 법 | 43페이지

💙
치와와
쫑긋한 귀와 큰 눈을 가진 치와와

만드는 법 | 45, 48페이지

💙
토이푸들
귀여운 외모와 영리한 두뇌를 가진 토이 푸들

만드는 법 | 50페이지

♥

토끼

긴 뒷다리로 깡충깡충 잘 뛰어다니는 토끼

만드는 법 | 53페이지

아기 돼지
동그랗게 말린 꼬리를 가진 귀여운 아기 돼지

만드는 법 | 56페이지

♥ 고슴도치

등이 가시로 뒤덮여 있는 고슴도치

만드는 법 | 59페이지

잉꼬

화려하고 아름다운 깃털을 뽐내는 잉꼬

만드는 법 | 62페이지

곰

귀여운 외모와는 다르게 무시무시하고 날카로운 앞발을 가지고 있는 곰

만드는 법 | 65, 67페이지

코끼리
세계에서 가장 큰 육상 동물! 코를 손처럼 자유자재로 움직이는 코끼리

만드는 법 | 70페이지

코알라
나무 위에서 생활하는 잠꾸러기 코알라

만드는 법 | 73페이지

판다

귀여운 생김새와 느릿느릿한 동작으로 사람들에게 많은 사랑을 받고 있는 판다

만드는 법 | 77페이지

펭귄

귀여운 부리를 가진, 뒤뚱뒤뚱 걷는 모습이 너무나 사랑스러운 펭귄

만드는 법 |82페이지

바다표범
물속에서는 자유자재로 움직이지만, 땅에 오르면 기어 다니는 바다표범

만드는 법 | 80페이지

악어

큰 입과 무시무시한 이빨로 먹이를 인정사정없이 물어뜯는 악어

만드는 법 | 87페이지

♡
해달
앙증맞은 손으로 조개를 품에 꼭 안고 다니는 해달

만드는 법 | 91페이지

검은 고양이

매력적인 눈과 도도한 발걸음으로 사람들을 유혹하는 고양이

만드는 법 | 84페이지

알파카

복슬복슬한 털과 특유의 멍한 표정이 매력적인 알파카

양

만드는 법 | 30페이지

무리 지어 다니는 습성을 가진 양은 순한 성격과 귀여운 외모로 많은 사람들에게 사랑을 받고 있어요.

만들기 전에

재료와 용구, 만들기의 기본과 요령을 소개합니다!
작품 전체에 공통으로 사용되는 부분이기 때문에 작업하기 전에 꼼꼼하게 숙지해 두세요.

🧵 주재료

털철사(털철사)

털철사의 두께에는 3종류가 있어요.

털철사는 털의 길이에 따라 두께가 달라요. 털의 밀도가 높은 것을 사용하면 완성도가 높아진답니다.
만약 털철사 인형을 만들 때 알맞은 굵기의 털철사가 없다면 다른 굵기의 털철사를 사용하도록 해요.

이 책에서 사용하는 털철사의 길이는 대부분 27cm 기준입니다.

털철사가 짧다면 짧은 털철사를 연결하거나, 길다면 잘라서 준비해 주세요. 27cm보다 더 필요한
경우에는 재료에 따로 길이를 표기해 두었으니 참고해 주세요.

털철사는 인터넷이나 수예 용품점 등에서 쉽게 구할 수 있어요.

*오른쪽 사진은 실제 크기입니다.

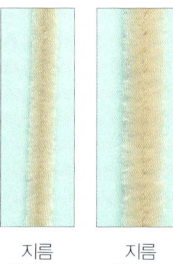

지름   지름   지름
약 3mm   약 6mm   약 9mm

눈과 코에 사용되는 부품

주로 사용하는 것은 검은 나사입니다.

나사형 눈과 나사형 코는 동물 및 인형용으로 판매되고 있어요.
라인스톤은 펭귄과 양, 두 작품에서만 사용합니다. 전부 인터넷이나 수예 용품점에서 쉽게 구할 수 있어요.

나사형 눈
대(지름 약 3mm) 소(지름 약 2mm)

나사형 코
(가장 긴 변의 길이가 약 4.5mm의 삼각형)

라인스톤
(실버, 지름 약 2mm)

🧵 털철사 동물 인형 만들기의 기본

부들부들하고 귀여운 털철사 동물 인형을 잘 만들기 위해서는 아래 3가지 규칙을 지켜 줘야 해요. 동물을 만들 때에 필수적인 작업이기 때문에 꼭 확인해 주세요.

1 털철사의 양끝을 구부린다.

철사 끝에 손이 찔리지 않도록 모든 털철사의 양끝을 살짝 구부립니다. 펜치를 사용하여 쌀 한 톨 크기 정도(약 3mm)를 잡아서 구부리고 위에서부터 꽉 눌러 줍니다. 즐겁고 안전하게 작업하기 위해 꼭 필요한 작업이에요.

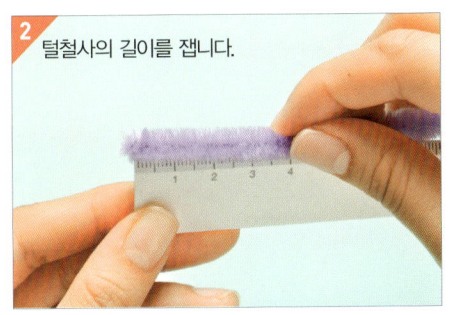

2 털철사의 길이를 잽니다.

도중에 털철사가 부족하거나 좌우 팔다리 길이가 달라지지 않게 자를 사용하여 길이를 재며 만듭니다. 이때 털은 포함하지 않고, 속에 있는 철사의 길이를 재도록 합니다.

3 펜치로 확실히 꼬아 줍니다.

귀밑, 다리 연결 부위 등은 펜치를 이용하여 꼬아서 고정합니다. 확실히 꼬아 주지 않으면 털철사끼리 떨어지거나 감은 부위가 헐렁해지기 때문에 주의해 주세요.

✂ 용구와 사용법

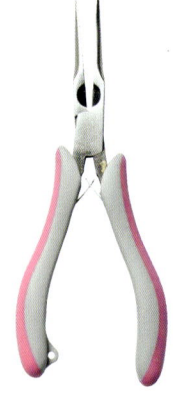

작은 가위
털철사의 털을 정돈할 때 사용합니다.

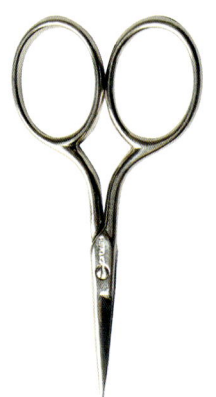

라디오 펜치
털철사를 꼬거나 자를 때 사용합니다. 털철사를 가위로 자르면 가위날이 망가지기 때문에 펜치를 사용하는 것이 좋답니다.

수예용 접착 본드
눈이나 코를 붙일 때 사용합니다. 입구가 가는 것을 사용하는 것이 편리합니다.

```
1   2   3   4   5   6   7   8   9   10  11  12  13  14
```

자 각 부위의 길이를 잴 때 사용합니다.

핀셋
라인스톤 등의 작은 부품을 집을 때 사용합니다.

송곳
나사형 눈, 나사형 코를 꽂을 구멍을 만들 때 사용합니다. 털철사와 털철사 사이의 간격을 내거나 귀 등의 면을 넓히는 데 사용됩니다.

✂ 동물을 '동물답게' 완성시키는 방법

감고·되감고·완전히 감아요

일정한 힘을 줘서 빈틈없이 감아요. 힘을 줬다 풀었다 하면 안 돼요. 감는 방향은 토대가 되는 철사를 잡고 있는 손에서 시작하여 한 방향으로 향하도록 감는 것이 쉽습니다. 따라서 감는 방향을 바꿔야 할 때는 작품의 방향을 바꿔서 감도록 합니다. 또한 털철사를 끝까지 사용하여 감고자 하는 부분을 완전히 감도록 해요.

'8자'로 감아요

귀나 다리를 연결하는 부분을 보기 좋게 하기 위한 방법입니다. 시작 부분을 귀나 다리 사이에 두고 8자를 그리듯 감고 다시 시작 위치로 돌아옵니다.

*알아보기 쉽도록 사진에서는 털철사를 느슨하게 감았습니다.

다 감고 난 다음에는?

마무리는 끝부분을 펜치로 잡아 털철사 사이에 집어넣습니다. 털철사를 잘라서 사용했을 때는 끝부분을 살짝 구부린 후 털철사 사이에 집어넣도록 해요.

눈과 코를 붙이는 방법

송곳을 사용하여 나사형 눈, 나사형 코를 위한 구멍을 만들어 줍니다❶.
구멍에 접착제 입구를 꼽고 접착제를 넣어 줍니다❷.
나사형 눈과 나사형 코를 구멍에 넣어 줍니다❸.

 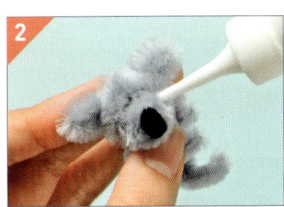 

모양을 정돈하는 방법

완성 후 얼굴형이나 자세를 손이나 송곳으로 정돈해 줍니다. 몸통을 앞뒤로 누르면서 입체감, 볼륨감을 살리도록 합니다.

먼저 양부터 만들어 봅시다!

첫 도전에 추천하고 싶은 것은 복슬복슬한 양이에요! 사이즈도 작고 금방 만들 수 있어 처음 시작하기에 좋답니다.

양 만드는 법

먼저 골격을 확실하게 만든 다음 양의 살을 붙입니다.
다리는 털철사에 가려져 짧아져도 상관 없어요.
목과 엉덩이 부분을 볼륨 있게 만들어 주는 게 포인트랍니다.

재료

6mm 털철사(검은색) 1개 27cm
9mm 털철사(흰색) 2개 각각 27cm씩
라인스톤(지름 약 2mm) 2개

※ 따라 하기 쉽도록 사진에서는 다른 색의 털철사를 사용하였습니다.
※ 알맞은 굵기와 색상의 털철사가 없다면 다른 사이즈와 색상을 사용해도 됩니다.

♡♡♡♡♡ 초급

완성 이미지 30페이지
몸길이 : 약 3.5cm
높이 : 약 2cm

귀를 만들자

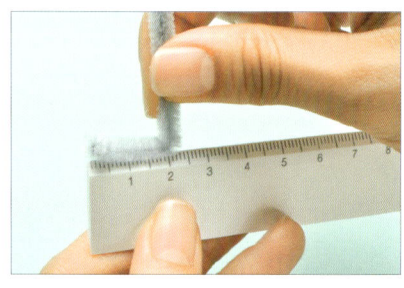

1

6mm 털철사를 끝에서 2cm 위치에서 구부립니다.

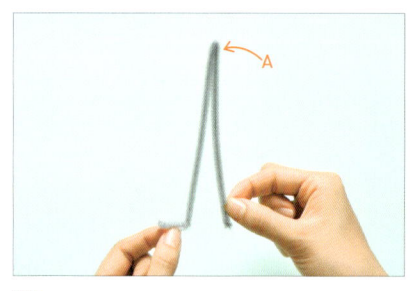

2

나머지를 반으로 접어 줍니다.

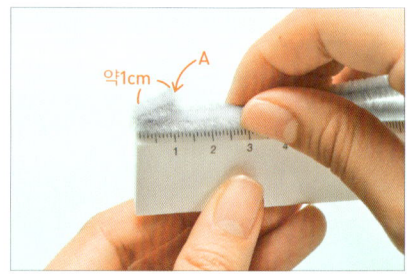

3

A부터 약 1cm 떨어진 위치에서 2개를 같이 구부립니다.

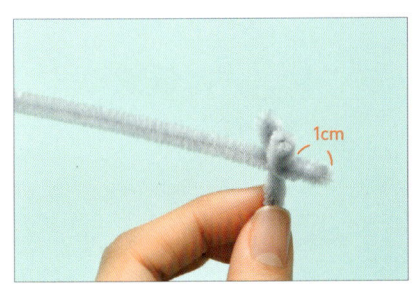

4
양쪽을 잡고 살짝 잡아당겨 주면 M자가
됩니다.

5
좌우를 교차시키고 교차된 부분을 펜치로
잡고 꼬아 줍니다. 귀가 만들어집니다.

6
끝부분이 구부러지지 않은 쪽을 잡아 수
직으로 올립니다.

7
귀 밑에서부터 1cm 부분에서 다시 구부려
줍니다. 이것이 얼굴의 심이 됩니다.

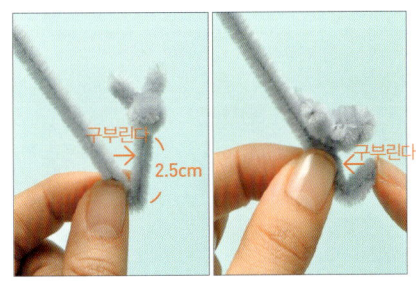

8
목 뒤에서부터 턱밑을 지난 다음 얼굴의
심을 3번 감아 줍니다.

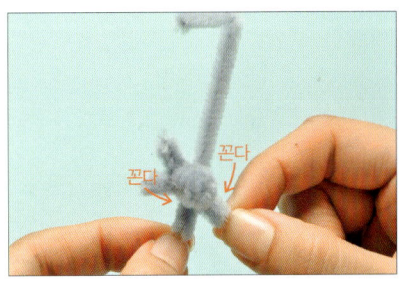

9
코끝에서 귀 쪽으로 되감아 준 후 끝부분
을 털철사 속에 집어넣습니다.

얼굴이
완성됐어요!

✂ 골격을 만들자

10
얼굴 밑의 털철사를 2.5cm 위치 아래에서
구부린 후 두 개의 털철사를 함께 얼굴 앞
쪽으로 반으로 구부립니다.

11
구부린 털철사를 각각 좌우로 잡아당긴
다음 꼬아 주면 앞다리가 완성됩니다.

 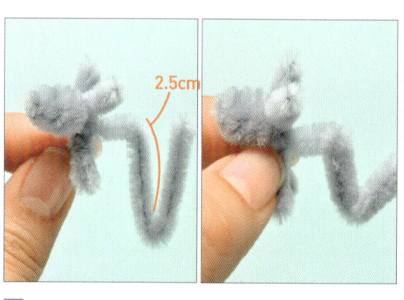 

12 ──────────

이후 얼굴에서부터 1.5cm 떨어진 위치에서 구부리고, **1**에서 구부렸던 부분을 아래로 핍니다.

13 ──────────

2.5cm 떨어진 위치에서 구부린 후, **10**과 같이 2개를 함께 반으로 접어 줍니다.

14 ──────────

각각의 털철사를 좌우로 잡아당긴 후 꼬아 주면 뒷다리가 완성됩니다. 털철사가 남으면 등에 감아 줍니다.

얼굴과 골격이 완성됐어요!

✂ 살을 붙여 완성시키자!

15 ──────────

9mm 털철사 끝을 얼굴 밑 목 부분에 대고 겨드랑이 밑으로 통과시켜 몸통 쪽으로 위치시킵니다.

16 ──────────

몸통에 감은 다음 엉덩이 뒤쪽을 한 번 감아 다리의 연결 부분을 숨깁니다.

17 ───
얼굴 쪽으로 되감아 준 다음 목 앞부분을 감아 줍니다.

18 ───
몸통으로 돌아와 마지막까지 감아 줍니다.

19 ───
9mm 털철사를 하나 더 사용하여 복슬복슬한 양의 털이 표현될 때까지 감습니다.

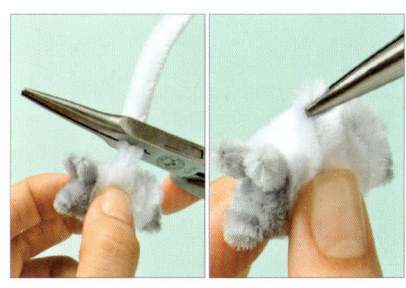

20 ───
남은 부분은 펜치를 사용하여 잘라내고, 자른 부위의 끝부분을 털철사 사이에 집어넣습니다.

완성!

좌우의 귀를 열고 밑으로 향하게 정돈한 다음 라인스톤 눈을 접착제로 붙입니다.

기본 방법을 배워요!

강아지를 포함한 4개의 다리를 가진 동물을 만들 때 주로 사용되는 방법이에요.
기본적인 방법들이 설명되어 있기 때문에 꼭 배우고 넘어가길 바랍니다.

✂ 양쪽 다리 모양

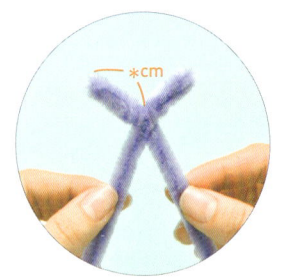

귀, 앞다리 등 2개가 한 쌍인 부분을 만들 때 사용합니다. 만드는 법에서 '길이 *cm의 양쪽 다리 모양'을 표현할 때의 길이는 갈라지기 시작하는 부분의 위를 말합니다.

1
털철사를 반으로 구부리고 가운데부터 귀나 다리만큼의 길이를 잰 후 2가닥을 같이 구부려 줍니다.

2
M자가 되도록 좌우로 벌리고 밑을 교차시킨 다음 그 부분을 펜치를 사용하여 2번 꼬아 줍니다.

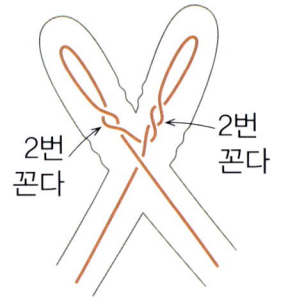

2번
꼰다

2번
꼰다

✂ 삼각형 모양

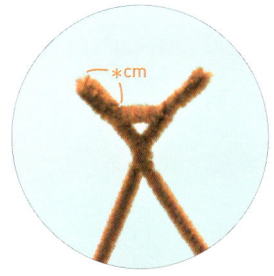

'양쪽 다리 모양'을 변화시킨 형태입니다. 귀 사이가 많이 벌어진 얼굴을 만들 때 사용합니다. 만드는 법에서 '길이 *cm의 삼각형 모양'이라고 할 때는 '*cm+5mm'의 M자를 만든 다음 귀 부분을 펜치로 꼬아 줍니다.

1 털철사를 반으로 구부리고 중심에서부터 '귀의 길이+5mm'의 부분에서 다시 구부린 다음 M자로 벌려 줍니다.

2 뾰족한 부분에서부터 귀의 길이만큼 잰 후 꼬아 줍니다. 이후 골짜기에 해당하는 부분을 직선으로 펴 줍니다.

✂ 얼굴 심

3 가운데에 정삼각형이 생기는 정도의 각도를 잡아 털철사를 교차시킨 후 2번 꼬아 줍니다.

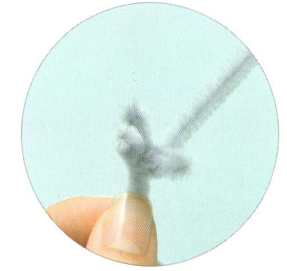

'양쪽 다리 모양'이나 '삼각형 모양'으로 만든 귀밑부터 코끝까지의 축이 되는 부분이에요. 여기에 살을 붙이면 얼굴이 완성됩니다.

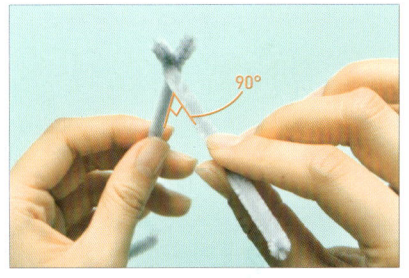

1 귀밑의 털철사 두 가닥 중 한 가닥을 직각으로 올립니다.

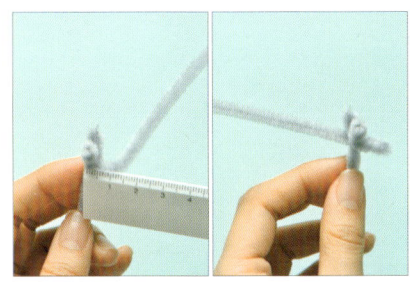

2 귀밑에서부터 코끝까지의 길이를 잰 후 목 뒤쪽으로 구부려 줍니다.

3 구부린 털철사를 목 뒤쪽부터 앞까지 한 번 감습니다.

이어서 코끝에 감아 주면 얼굴에 살이 붙습니다.

'삼각형 모양'에서 이어서 만들 때에도 동일합니다.

✂ 골격

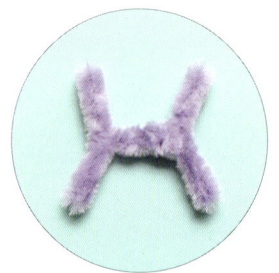

'양쪽 다리 모양의 다리 → 몸통 → 다리를 이어서 만들어 몸의 골격을 구성합니다. 남은 털철사는 몸통에 감아 줍니다. 목의 부위가 되기도 합니다.

1 다리 길이만큼의 '양쪽 모양'을 만들고 두 가닥을 꼬아서 합쳐 줍니다.

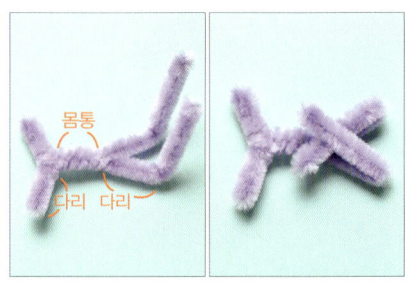

몸통

다리 다리

2 꼰 부분이 몸통(→등)이 됩니다. 꼬아 준 부분의 끝에서부터 다리의 길이만큼 잰 후 구부려 줍니다.

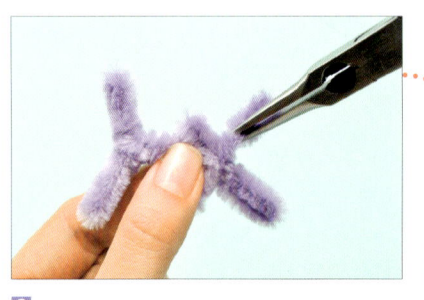

3 밑을 확실히 꼬아준 후 남은 털철사는 몸통에 감아 줍니다.

뒷다리와 앞다리 길이를 다르게 할 때에는 위와 같은 형태가 됩니다.

🧵 포메라니안 만드는 법

다리와 귀는 살짝 짧게, 몸과 얼굴의 털은 덥수룩하게!
목 주변은 목도리를 한 것처럼 충분히 감아 주세요.

완성 이미지 8페이지
몸길이 : 약 3cm
높이 : 약 3cm

🧶 재료

3mm 털철사(베이지) 1개 27cm
9mm 털철사(베이지) 1개 27cm
나사형 눈 대(지름 약 3mm) 2개
나사형 눈 소(지름 약 2mm) 1개

* 따라 하기 쉽도록 사진에서는 2가지 색의 털철사를 사용합니다.
* 알맞은 굵기나 색상의 털철사가 없다면 다른 사이즈와 색상을 사용해도 됩니다.
* ' '에 나온 모양은 34페이지를 참고해 주세요.

✂️ 얼굴을 만들자

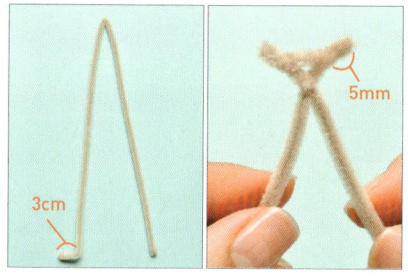
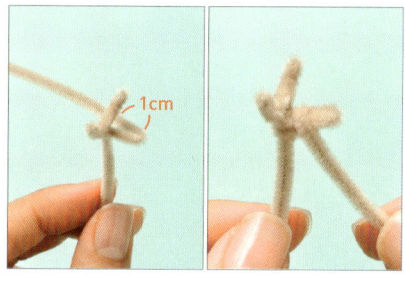

1

3mm 털철사를 끝에서부터 3cm 떨어진 위치에서 구부리고, 나머지 부분은 반으로 구부린 후 귀 길이 5mm의 '삼각형 모양'을 만듭니다(→귀).

2

짧은 쪽의 털철사를 위로 올려 1cm 위치에서 접고(→얼굴 심) 목 뒤쪽으로 돌린 후 얼굴 심에 감아 줍니다.

3

코끝까지 오면 남은 털철사를 모두 되감아 주고 펜치를 사용하여 코끝을 위로 향하게 정리합니다.

✂ 골격을 만들자

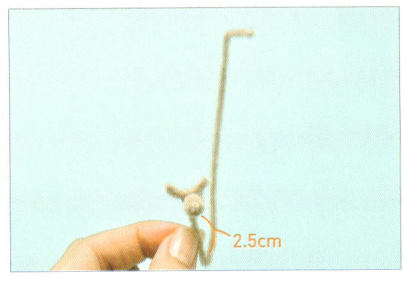

4
나머지 털철사를 얼굴로부터 2.5cm 아래의 위치에서 구부립니다.

5
2.5cm의 털철사를 얼굴 앞쪽으로 반으로 구부린 다음 각각의 털철사를 좌우로 잡아당깁니다. 이후 각각 꼬아 줍니다(→앞다리).

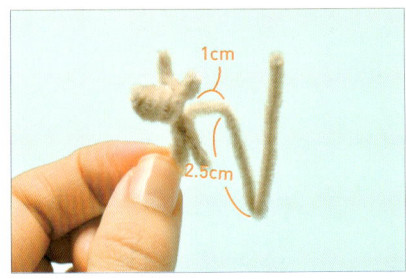

6
나머지를 1cm 떨어진 위치에서 직각으로 구부리고(→몸체), 2.5cm 떨어진 위치에서 다시 구부립니다. 이후 제일 처음에 구부린 3cm 부분을 펴 줍니다.

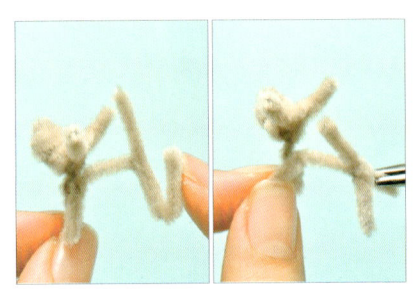

7
5과 같이 2.5cm 부분을 반으로 구부리고 좌우로 잡아당긴 후 꼬아 줍니다(→뒷다리). 나머지는 몸통에 감아 줍니다.

얼굴과 골격이 완성됐어요!

✂ 꼬리를 만들고 살을 붙이자

8
9mm 털철사의 끝을 1.5cm 구부리고(→꼬리) 뒷다리 사이에 통과시킵니다.

9 ─────────
꼬리의 연결 부위를 감추듯 다리의 바깥쪽을 1번 감습니다.

10 ─────────
몸통부터 목 앞부분까지 차례대로 감습니다.

귀

얼굴 앞쪽

11 ─────────
뒤에서부터 귀 사이로 통과시켜 두 귀의 주위를 8자로 감습니다.

12 ─────────
턱 밑을 지나 목 뒤로 돌리고 남은 부분은 잘라 끝부분을 처리한 후 털철사 사이로 집어넣습니다.

완성!

눈과 코를 붙이고 꼬리를 둥글게 말아 줍니다. 털을 다듬고 모양을 정돈합니다.

🧵 닥스훈트 만드는 법

2가지 색의 털과 긴 귀를 가진 닥스훈트! 코끝은 얼굴 심의
색을 살짝 남겨 동그랗게 만들고 그 위에 나사형 코를
붙이면 닥스훈트의 포인트를 표현할 수 있어요.

🧶 재료

6mm 털철사(갈색) 2개 각각 27cm씩
6mm 털철사(베이지) 1개 27cm
나사형 눈 대(지름 약 3mm) 2개
나사형 코(직선 약 4.5mm) 1개

* 알맞은 굵기나 색상의 털철사가 없다면 다른 사이즈와 색상을 사용해도 됩니다.
* ' '에 나온 모양은 34페이지를 참고해 주세요.

완성 이미지 8페이지
몸길이 : 약 5.5cm
높이 : 약 2.5cm

✂️ 얼굴을 만들자

얼굴이
완성됐어요!

1
갈색 6mm 털철사를 사용하여 길이 2cm
의 '양쪽 다리 모양'을 만듭니다(→귀). 털
철사 한 가닥을 직각으로 세운 다음 2cm
떨어진 위치에서 구부립니다(→ 얼굴 심).

2
양쪽 귀의 밑을 각각 바깥쪽에서부터 안
쪽으로 감아 주고 털철사가 남으면 목에
감습니다.

✂ 골격을 만들자

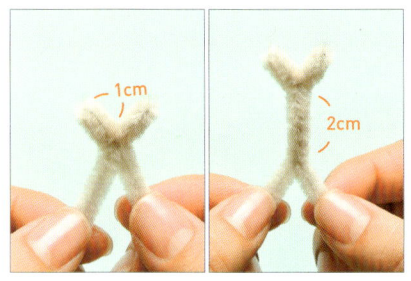

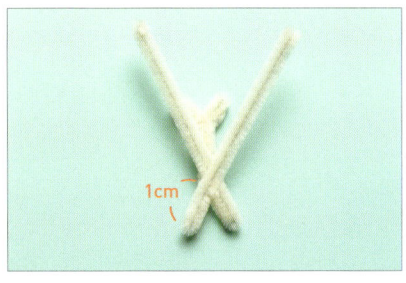

3

베이지 6mm 털철사를 사용하여 길이 1cm 의 '양쪽 다리 모양'을 만들고(→뒷다리), 아래 부분을 2cm 정도 꼬아 줍니다(→몸통).

4

나머지는 각각 1cm 떨어진 부분에서 구부려 줍니다.

5

밑을 꼬아 줍니다(→앞다리). 앞다리와 뒷다리를 각각 접어서 4개의 다리를 완성합니다.

✂ 얼굴과 몸통을 합치자

6

얼굴을 몸통의 앞쪽과 합쳐 줍니다. 목 위의 털철사 한 가닥을 얼굴 심에 감습니다.

7

코끝을 살짝 남기고 감아 줍니다. 나머지 한 가닥도 동일하게 해 줍니다.

8

코끝을 펜치를 사용하여 동그랗게 만듭니다.

✂ 꼬리를 만들고 살을 붙이자

9

나머지 갈색 털철사를 목에 한 번 감은 후 몸통에 돌려 줍니다.

10

앞다리 사이에 통과시키고, 목에 한 번 더 감은 다음 나머지는 몸통에 감습니다.

11

다른 갈색 털철사의 끝부분을 2cm 구부린 다음(→꼬리) 뒷다리 사이에 통과시킵니다.

12
꼬리 연결 부위를 감추듯 다리의 바깥쪽으로 한 바퀴 감습니다.

13
나머지는 몸통의 베이지 털철사가 보이지 않도록 엉덩이부터 몸통으로 전부 감습니다.

14
꼬리에 곡선을 만들어 주고 아래 방향으로 향하도록 내립니다. 귀 또한 넓게 펴 아래 방향으로 향하도록 내립니다.

완성!

눈, 코를 붙입니다.

검은색 닥스훈트 만드는 법

완성 이미지 8페이지
몸길이 : 약 5.5cm
높이 : 약 2.5cm

갈색 털철사를 검은색으로 바꾸고 베이지색 털철사를 갈색으로 바꿔 만듭니다. 만드는 방법은 모두 동일합니다.

📏 치와와 만드는 법

슬림한 몸에 삼각형 모양의 큰 귀가 포인트인 귀여운 치와와를 만들어요.
귀의 모양은 넓어서 평평하게 해 주고 가장자리 털은 잘라 줍니다.
코끝은 뾰족하게 위를 향하게 하고 살짝 높은 위치에 나사형 코를 붙이면 완성이에요.

완성 이미지 9페이지
몸길이 : 약 3.5cm
높이 : 약 3cm

🧶 재료

3mm 털철사(베이지) 1개 27cm
6mm 털철사(베이지) 1개 27cm + 13.5cm
나사형 눈 대(지름 약 3mm) 3개

※ 알맞은 굵기나 색상의 털철사가 없다면 다른 사이즈와 색상을 사용해도 됩니다.
※ ' '에 나온 모양은 34페이지를 참고해 주세요.

✂️ 얼굴을 만들자

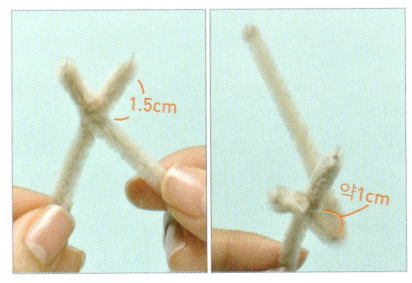

1
6mm 털철사로 길이 1.5cm의 '양쪽 다리 모양'을 만들고(→귀), 털철사 한 가닥을 직각으로 올린 다음 약 1cm 떨어진 위치에서 구부려 줍니다(→얼굴 심).

2
구부린 털철사를 목 뒤로 돌려 한 바퀴 꽉 감아 주고 얼굴 심을 코끝에서부터 2번 감아 줍니다.

3
얼굴 뒷부분으로 돌려 귀 사이로 통과시키고 두 귀를 8자가 되도록 감아 줍니다.

✂️ 형태를 잡아 주자

4
나머지는 목에 감아 주고 펜치를 사용하여 코끝이 위로 향하도록 정돈합니다.

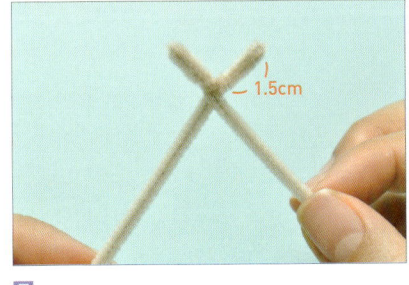

5
3mm 털철사를 사용하여 길이 1.5cm의 '양쪽 다리 모양'을 만듭니다(→앞다리).

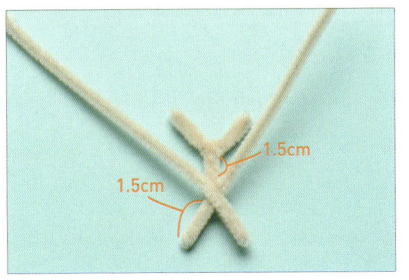

6
교차된 부위의 아래쪽 부분을 1.5cm 길이로 꼬아 주고(→몸체) 꼰 위치에서부터 1.5cm 떨어진 위치에서 각각 구부린 후 교차시킵니다.

✂ 얼굴과 몸체를 합치자

7
밑을 꼬아 주고(→뒷다리) 나머지는 한 가닥씩 몸통에 감아 줍니다.

8
골격을 각각 접어서 4개의 다리를 만듭니다. 얼굴 아래쪽의 털철사를 앞다리 사이로 통과시킨 다음 목에 2번 감습니다.

9
이어서 몸통에 감아 주고, 반 정도 감으면 목 방향으로 다시 되감아 줍니다.

✂ 꼬리를 만들고 살을 붙이자

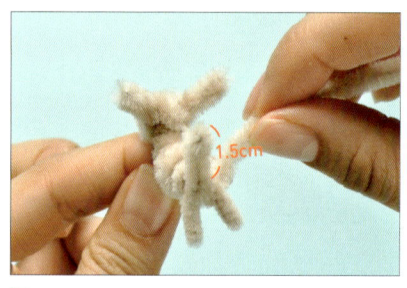

10
13.5cm의 6mm 털철사는 끝에서부터 1.5cm 직각으로 구부리고(→꼬리) 뒷다리 사이로 통과시켜 허리 부분에 한 번 감아 줍니다.

11
엉덩이 쪽으로 감아 주고, 꼬리의 연결 부위가 보이지 않도록 감습니다. 이후 몸통으로 되감아 줍니다.

✂ 형태를 잡아 주자

12
앞과 뒷부분을 잡고 중심을 향해 몸통을 살짝 눌러 줍니다.

13
귀를 송곳으로 넓혀 주고 눈과 코를 붙인 다음 귀와 얼굴의 털을 정돈합니다.

완성!

＊흰색 치와와를 만들 때에도
동일한 방법을 사용하면 됩니다.

🧸 토이 푸들(개) 만드는 법

털철사를 더해가며 살을 붙이고 얼굴은 동그랗게!
코끝과 꼬리도 펜치를 사용하여 동그랗게 만들어 주면 완성이에요.

🐚 재료

9mm 털철사(베이지) 4개 각각 27cm씩
나사형 눈 대(지름 약 3mm) 2개
나사형 코(직선 약 4.5mm) 1개

* 알맞은 굵기나 색상의 털철사가 없다면 다른 사이즈와 색상을 사용해도 됩니다.
* ' '에 나온 모양은 34페이지를 참고해 주세요.

✂️ 얼굴을 만들자

1

9mm 털철사를 사용하여 2.5cm 길이의
'양쪽 다리 모양을 만듭니다(→귀).

2

두 가닥 중 한 가닥을 직각으로 올린 다음
2cm 떨어진 위치에서 구부려 줍니다(→
얼굴 심).

3

얼굴의 아래쪽인 목 부분에 한 바퀴 감아
얼굴 심 쪽으로 옵니다.

4

얼굴 심 부분을 꽉 감아 줍니다.

5

다른 털철사의 끝부분을 목 뒤에 놓고 목
주위에 한 바퀴 감아서 고정합니다.

얼굴 뒤편에서 본 모습

6

얼굴 뒤편에서부터 귀 사이를 통과시켜 8
자가 되도록 감습니다.

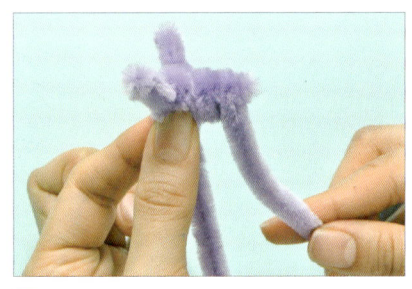

얼굴이
완성됐어요!

7 ─────
앞으로 다시 돌아와서 얼굴 심을 감고 심의 끝까지 오면 되감아 줍니다.

8 ─────
코끝은 펜치를 사용하여 동그랗게 만들어 줍니다.

✂ 골격을 만들자

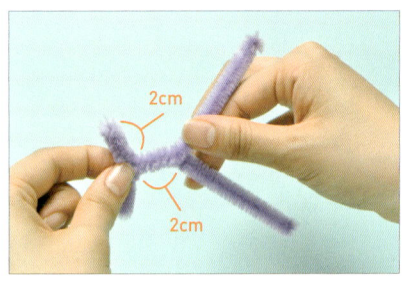

2cm

2cm

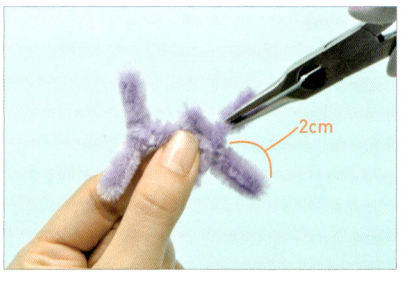

2cm

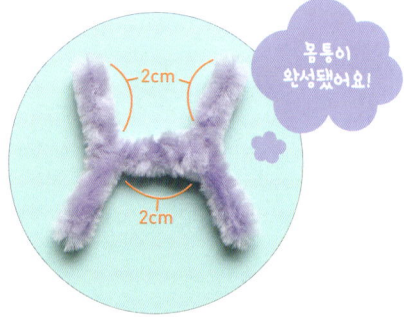

몸통이
완성됐어요!

2cm

2cm

9 ─────
다른 털철사를 사용하여 길이 2cm의 '양쪽 다리 모양을 만들고(→ 앞다리), 두 가닥을 같이 2cm 정도 꼬아 줍니다(→몸통).

10 ─────
꼰 위치에서부터 2cm 떨어진 위치에서 각각 접고 끝부분을 꼬아 줍니다(→뒷다리). 남은 털철사는 몸통에 꽉 감아 줍니다.

✂ 꼬리를 만들고 살을 붙이자

11 골격을 각각 접어 4개의 다리를 만들고 얼굴의 목 부분과 합칩니다.

12 얼굴 아래쪽의 털철사를 앞다리 사이로 통과시키고 목에 두 번 감습니다.

13 나머지는 몸통에 감아 줍니다. 마지막 남은 털철사를 사용하여 엉덩이 쪽을 향해 감습니다.

2cm

14 엉덩이부터 2cm 떨어진 위치에서 구부린 다음 끝부분을 꼬아 줍니다(→꼬리).

15 나머지는 몸통에 되감아 줍니다.

완성!

펜치를 사용하여 꼬리를 동그랗게 만듭니다. 귀는 바깥쪽을 향해 볼록하게 보이도록 하고 아래쪽을 향하도록 정돈합니다. 마지막으로 눈과 코를 붙여 줍니다.

🧵 토이 푸들(강아지) 만드는 법

코 부분을 이중으로 하여 조금 단차를 만들며 얼굴의 살을 붙입니다.
여기에 눈을 붙이면 입체감이 생긴답니다. 위쪽을 올려다보는 것처럼
얼굴을 대각선 위로 향하도록 해 주면 훨씬 귀여워져요!

완성 이미지 9페이지
몸길이 : 약 3cm
높이 : 약 3cm

🧶 재료

6mm 털철사(흰색) 2개 각각 27cm씩
나사형 눈 대(지름 약 3mm) 3개

* 알맞은 굵기나 색상의 털철사가 없다면 다른 사이즈와 색상을 사용해도 됩니다.
* ' '에 나온 모양은 34페이지를 참고해 주세요.
* 갈색, 회색 등 다른 색을 사용하여 만들 때도 동일합니다.

✂️ 얼굴을 만들자   ✂️ 골격을 만들자

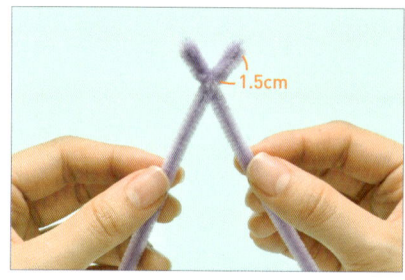

1

길이 1.5cm의 '양쪽 다리 모양'을 만들고
(→귀) 이어서 길이 1.5cm의 얼굴 심을 만
듭니다. 나머지는 심에 감아 주고 코끝을
동그랗게 만듭니다.

*토이 푸들(개)의 1~4 따라하기 참조

2

다른 털철사를 사용하여 길이 1.5cm의
'양쪽 다리 모양'을 만듭니다(→앞다리).

3

이어서 털철사 한 가닥을 1.5cm 떨어진 위
치에서 구부려 주고(→몸통) 이후 3cm 떨
어진 위치에서 다시 구부립니다.

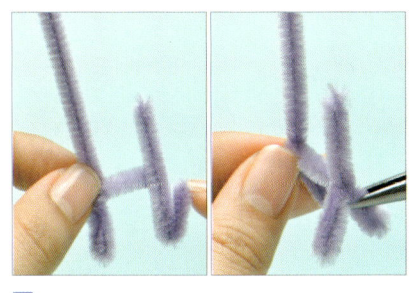

몸통이
완성됐어요!

4

3cm 부분의 두 가닥을 합쳐서 반으로 구
부려 주고 각각의 털철사를 좌우로 당긴 다
음 제각기 꼬아 줍니다(→뒷다리).

5

나머지 부분을 반으로 구부리고 펜치를 사
용하여 동그랗게 만들어 줍니다(→꼬리). 이
후 골격을 각각 구부려 4개의 다리를 완성
시킵니다.

✂ 얼굴과 몸통을 합치자

6

몸통과 얼굴을 목 부분에서 합칩니다. 얼
굴 아래의 털철사를 앞다리 사이로 통과
시켜 목 부분에 2번 감아 줍니다.

7

귀 바로 앞에서 2번 감은 다음 나머지는
목에 감습니다.

8

나머지 한 가닥을 앞다리 사이로 통과시
켜 몸통에 감아 살을 붙여 줍니다.

완성!

귀를 아래쪽으로 향하도록 하
고 눈과 코를 붙입니다.

🧵 토끼 만드는 법

뒷다리는 길게 만들고 살짝 구부려 'ㄴ' 모양을 만들면
앉아 있는 토끼의 모습을 만들 수 있어요!
귀 밑은 넓혀 주고 끝부분은 뾰족하게 해 토끼만의 개성을 살려 주세요.

🧶 재료

6mm 털철사(흰색) 3개 각각 27cm씩
6mm 털철사(베이지) 1개 27cm
나사형 눈 대(지름 약 3mm) 2개

※ 따라 하기 쉽도록 사진에서는 4가지 색상의 털철사를 사용합니다.
※ 알맞은 굵기나 색상의 털철사가 없다면 다른 사이즈와 색상을 사용해도 됩니다.
※ 'ㄴ'에 나온 모양은 34페이지를 참고해 주세요.

❤️❤️❤️ 중급

완성 이미지 10페이지
몸길이 : 약 4.5cm
높이 : 약 4.5cm

✂️ 얼굴과 몸통을 만들자

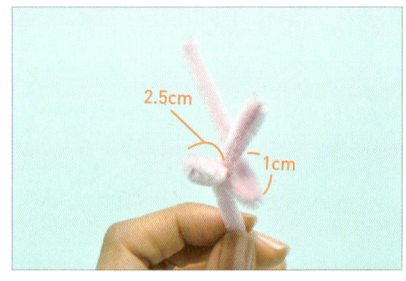

1

흰색 털철사를 사용하여 길이 2.5cm의
'양쪽 다리 모양'을 만들고(→ 귀), 털철사
한 가닥을 직각으로 올린 다음 1cm 떨어
진 위치에서 구부려 줍니다(→ 얼굴 심).

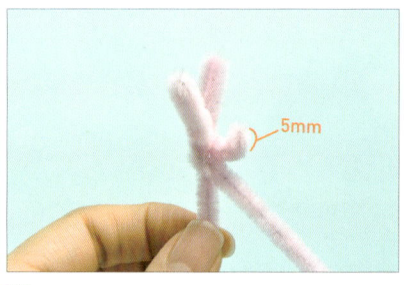

2

목에 한 바퀴 감아 고정시키고 얼굴 심
의 끝부분 5mm 정도를 위로 구부립니
다(→ 코).

3

이어서 얼굴 심을 감고, 코까지 오면 되감
으며 끝까지 감습니다.

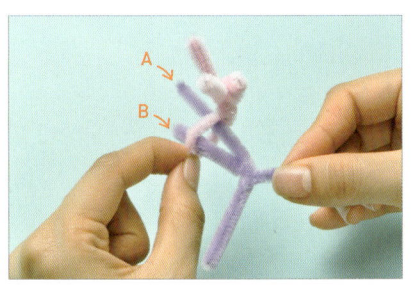

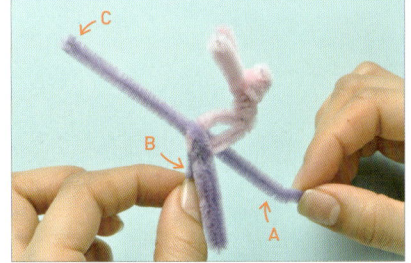

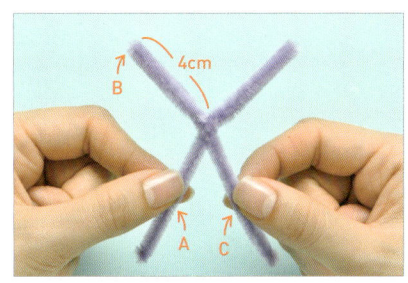

4
나머지 한 가닥을 얼굴 아래에서부터 1cm 떨어진 위치에서 직각으로 구부립니다(→목). 이후 2.5cm 떨어진 위치에서 다시 구부려 줍니다.

5
반원 모양으로 아치를 만들고(→등) 나머지는 목 아래에서 위로 감아 줍니다.

6
다른 흰색 털철사를 사용하여 길이 4cm의 '양쪽 다리 모양'을 만듭니다(→뒷다리).

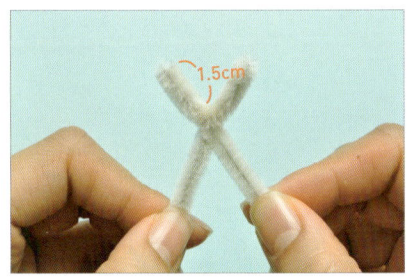

7
등의 아치에 A와 B를 통과시켜 줍니다.

8
A는 등의 엉덩이 부분에 한 바퀴 감아 뒷다리를 고정시켜 줍니다.

9
A를 그대로 몸통에 감아 주고, C(나머지 한 가닥)도 동일한 위치에 감습니다.

*털철사를 모두 사용해 몸통에 감습니다.

🔪 앞다리를 만들자

10
다른 흰색 털철사를 사용하여 길이 1.5cm의 '양쪽 다리 모양'을 만듭니다(→앞다리).

11
목 아래에 앞다리를 놓고 털철사 한 가닥을 사용하여 목에 한 바퀴 감아 고정시킵니다.

12
앞다리 연결 부위를 2번 감고 나머지는 몸통에 감습니다.

13 나머지 한 가닥은 뒤에서부터 귀 사이 → 왼쪽 귀 앞 → 턱 아래 → 앞으로 해서 귀 사이 → 오른쪽 귀 뒤 순으로 통과시켜 턱 아래로 돌아옵니다.

14 이어서 턱 아래에서 목으로 감아 줍니다.

15 베이지색 털철사를 허리에 한 바퀴 감은 다음 엉덩이 아래로 한 번 더 감습니다. 이후 지름 7mm의 원을 만들어 꼬아 줍니다(→꼬리).

16 다리 사이를 통과시켜 엉덩이와 몸통, 등 전체를 감추듯 감아 줍니다. 몸통의 앞뒤에서 중심으로 살짝 눌러 등이 동그랗게 되도록 만듭니다.

완성!

뒷다리를 '〉' 모양이 되도록 구부린 후 옆구리에 붙여 줍니다. 귀를 넓혀 모양을 정돈하고 눈을 붙입니다.

🧵 아기 돼지 만드는 법

몸통 위쪽에 굵은 심을 만들어 등뼈를 표현하고 원통 모양의 몸통을 만들어요.
얼굴은 위를 향하도록 하고 눈보다 높은 위치에 코를 붙이면
귀여운 아기 돼지의 모습을 표현할 수 있답니다.

🧶 재료

3mm 털철사(연분홍색) 1개 27cm
6mm 털철사(연분홍색) 2개 각각 27cm씩
나사형 눈 소(지름 약 2mm) 2개
구멍이 두 개인 단추(분홍색, 지름 약 6mm) 1개

* 따라 하기 쉽도록 사진에서는 3가지 색의 털철사를 사용합니다.
* 알맞은 굵기나 색상의 털철사가 없다면 다른 사이즈와 색상을 사용해도 됩니다.
* ' '에 나온 모양은 34페이지를 참고해 주세요.

완성 이미지 11페이지
몸길이 : 약 4cm
높이 : 약 2.5cm

✂️ 얼굴과 몸통을 만들자

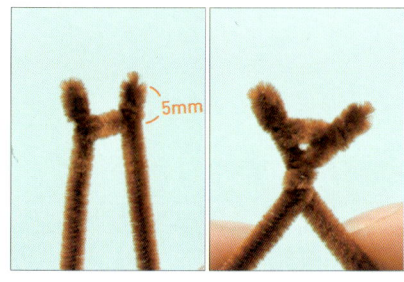

1

3mm 털철사를 사용하여 길이 5mm의
'삼각형 모양'을 만듭니다(→귀).

2

털철사 한 가닥을 직각으로 올린 다음
1cm 떨어진 위치에서 구부린 후(→얼굴
심) 귀에서부터 4cm 떨어진 위치에서 구
부려 줍니다(→등뼈).

3

A로부터 2cm 떨어진 위치에서 등뼈에 감
아 줍니다(→꼬리).

얼굴과 꼬리가
완성됐어요!

✂ 골격을 만들자

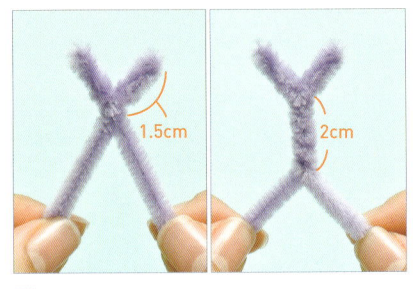

1.5cm

2cm

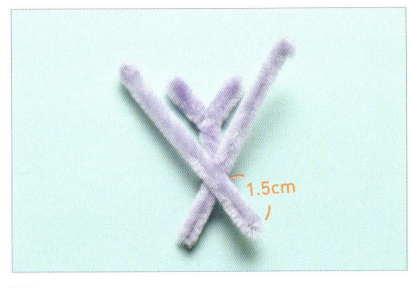

1.5cm

4 ─────
6mm 털철사를 사용하여 길이 1.5cm의
'양쪽 다리 모양'을 만들고(→앞다리) 아래
로 2cm 꼬아 줍니다(→몸통).

5 ─────
나머지는 각각 1.5cm 떨어진 위치에서 구
부리고 교차된 부분을 꼼꼼하게 꼬아 줍니
다(→뒷다리). 앞다리와 뒷다리의 골격을
각각 구부려 4개의 다리를 완성시킵니다.

✂ 얼굴과 몸통을 합치자

다리가 완성
됐어요!

6 ─────
얼굴을 앞다리의 앞부분에 합치고, 등뼈
를 몸통 위에 얹어 줍니다.

7 ─────
얼굴 아래쪽 털철사를 앞다리 사이로 통
과시키고 등뼈와 몸통을 같이 감아서 고
정시킵니다.

얼굴과 몸통이
합쳐졌어요!

8 ─────
엉덩이까지 오면 목을 향해 되돌아가며 남
김없이 감아 줍니다.

9 ─────
6mm 털철사의 나머지도 한 가닥씩 몸통
에 감아 줍니다.

✂ 살을 붙이자

10
다른 6mm 털철사의 끝을 목 뒤에 놓고 목을 한 바퀴 감은 다음 얼굴 심에 감습니다. 코끝은 조금 남겨 줍니다.

11
이후 귀 방향으로 감은 다음 두 귀에 8자가 되도록 감아 줍니다.

12
턱 아래를 2번 감아 준 다음 몸통에 돌려가며 꽉 감아 줍니다.

13
몸통을 앞뒤로 잡고 안쪽으로 살짝 눌러 줍니다.

완성!

접착제로 붙인다

눈과 코를 붙이고 꼬리는 동그랗게 만듭니다. 귀는 털을 잘라 뾰족하게 만듭니다. 다리의 연결 부위를 눌러 몸통에 밀착시키고 연결부를 두껍게 만듭니다.

🧵 고슴도치 만드는 법

골격을 최대한 타이트하게 만들면 등에 있는 가시의 볼륨감이 살아나요.
얼굴의 끝부분을 가늘고 뾰족한 느낌으로 만들어 주도록 해요!

🧶 재료

3mm 털철사(흰색) 1개 35cm
3mm 털철사(회색) 2개 각각 27cm씩
6mm 털철사(흰색) 1개 27cm
나사형 눈 소(지름 약 2mm) 2개

※ 알맞은 굵기나 색상의 털철사가 없다면 다른 사이즈와 색상을 사용해도 됩니다.
※ '　'에 나온 모양은 34페이지를 참고해 주세요.

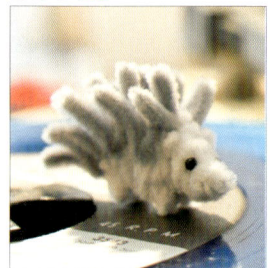

완성 이미지 12페이지
몸길이 : 약 4.5cm
높이 : 약 2.5cm

✂️ 골격을 만들자

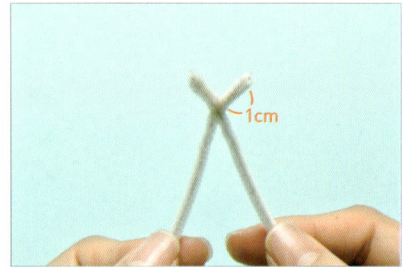

1
35cm의 흰색 3mm 털철사를 사용하여 길이 1cm의 '양쪽 다리 모양'을 만들어 줍니다 (→뒷다리).

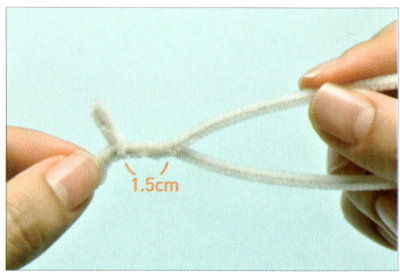

2
교차된 부분에서부터 1.5cm 정도 꼬아 줍니다(→몸통).

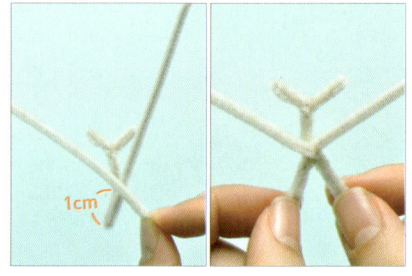

3
이후 남은 부분을 각각 1cm 떨어진 위치에서 구부려 교차시키고 각각 꼬아 줍니다. 앞다리와 뒷다리의 골격을 구부려 4개의 다리를 완성시킵니다.

✂️ 귀와 얼굴의 심을 만들자

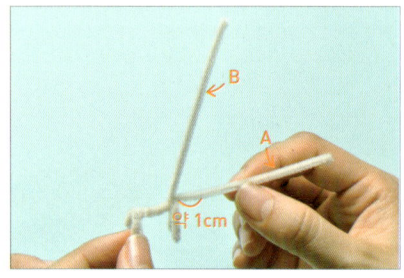

4
A의 털철사는 앞쪽으로 구부린 부분의 약 1cm 떨어진 위치에서 뒤쪽으로 구부립니다.

5
'양쪽 다리 모양'을 만드는 방법과 동일하도록 반으로 구부린 다음 M자가 되도록 편 후 각각 꼬아 줍니다(→귀).

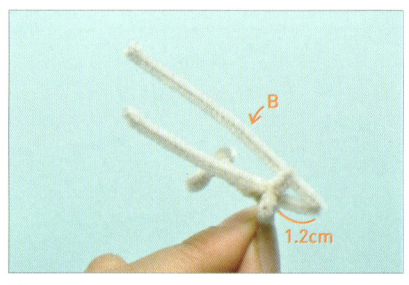

6
B는 귀 앞쪽에서부터 1.2cm 떨어진 위치에서 구부려 줍니다(→얼굴 심).

얼굴과 골격이 완성됐어요!

7

B를 목 뒤로 돌려 얼굴 심에 감습니다. 코 끝을 조금 남기고 되감아 줍니다.

8

A 털철사의 나머지는 귀 주변이 통통하게 보이도록 모두 감아 줍니다.

✂ 등의 가시를 만들자

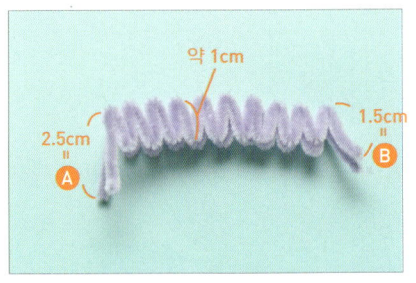

약 1cm

2.5cm Ⓐ

1.5cm Ⓑ

Ⓑ

Ⓐ

9

회색 털철사를 왼쪽에서부터 2.5cm 떨어진 위치에서 구부리고 Ⓐ, 약 1cm 폭으로 10번 구부립니다. 오른쪽은 1.5cm 남기고 Ⓑ, 나머지는 자른 다음 끝을 처리해 줍니다. 위와 같은 방법으로 1개 더 만들어 겹쳐 놓습니다.

10

두 가닥의 Ⓑ 부분을 끝에서부터 5mm 정도 함께 꼬아 주고 꼰 부분을 안쪽으로 향하도록 수직으로 구부립니다.

11

Ⓐ는 뾰족한 부분에서부터 1cm 아래의 위치에 등뼈를 끼워 목 연결 부위에서부터 꼬리까지 한 가닥씩 감아 줍니다.

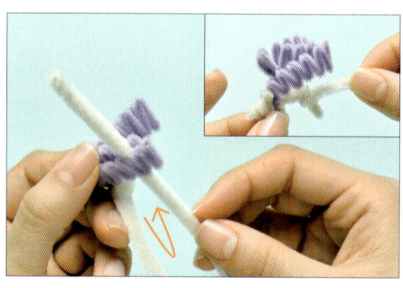

12
가시를 위 사진과 같이 구부려 길이를 반으로 만듭니다.

13
흰색 6mm 털철사의 끝을 허리 부분에 감아 고정시키고 앞쪽 가시 원의 아래에서 위로 통과시켜 줍니다.

14
이어서 반대편 가시의 제일 오른쪽 구멍에 위에서 아래로 통과시켜 꽉 당겨 줍니다.

15
4줄의 가시 중, 안쪽의 2열을 몸통에 붙이도록 뾰족한 부분을 하나씩 감아 줍니다.

16
이후 목에 감고 남은 부분은 자른 다음 자른 부분을 처리해 줍니다.

완성!

눈을 붙이고 가시의 끝부분을 뾰족하게 가다듬습니다.

🧵 잉꼬 만드는 법

두 다리를 가진 잉꼬는 부리에서부터 다리 끝까지 한 가닥의 털철사를
사용하여 만들고 얼굴과 몸통에 살을 붙여 줘요. 날개는 둥글고 볼록하게 하고
다리 끝은 나뭇가지를 잡을 수 있게 곡선으로 만들면 된답니다.

🐚 재료

3mm 털철사(주황색) 1개 27cm
6mm 털철사(연두색) 2개 각각 27cm씩
6mm 털철사(노란색) 1개 27cm
나사형 눈 소(지름 약 2mm) 2개

※ 알맞은 굵기나 색상의 털철사가 없다면 다른 사이즈와 색상을 사용해도 됩니다.
※ ' '에 나온 모양은 34페이지를 참고해 주세요.

♡♡♡ 중급

완성 이미지 13페이지
몸길이 : 약 2cm
높이 : 약 4.5cm

✂️ 얼굴과 몸통을 만들자

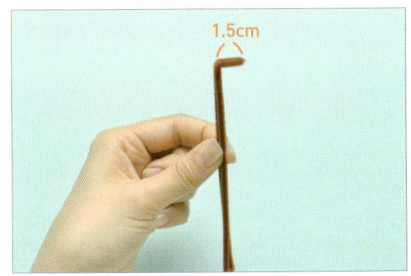

1

3mm 털철사를 반으로 구부리고 중앙에
서부터 1.5cm 떨어진 위치에서 두 가닥을
같이 직각으로 구부립니다(→얼굴 심).

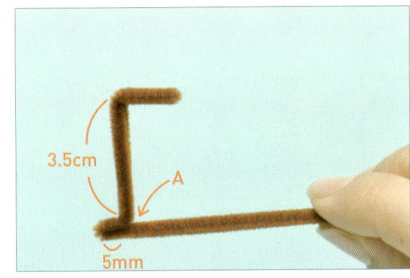

2

3.5cm 아래 위치(A)에서 반대 방향으로
직각으로 구부리고 A에서부터 5mm 떨어
진 위치에서 다시 구부려 줍니다.

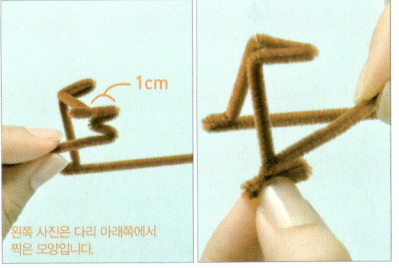

3

털철사 하나를 1cm 떨어진 위치에서 구부
려 사진과 같이 M 모양을 만든 다음(→발
끝) 한 번 감아 줍니다. 발바닥 뒤의 끝부
분을 꼬아 줍니다.

※ 한 가닥씩 나눠 각각 A에서 1cm 떨어진 위치에서 구부립니다.

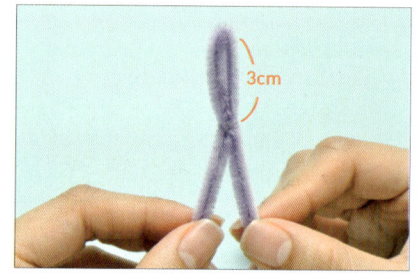

4

나머지는 위를 향하도록 감습니다.

5

다른 한 가닥도 똑같이 만들어 줍니다.

3cm

6

연두색 6mm 털철사를 반으로 구부리고 3cm 떨어진 위치에서 꼬아 줍니다(→꼬리).

✂ 머리를 만들자

5mm

몸통이 완성 됐어요!

7

다리 사이에 끼운 다음 발에서부터 1cm 위의 위치에서부터 얼굴 심의 5mm 아래 까지 한 가닥씩 감아 줍니다.

1.5cm

7.5mm

8

노란색 6mm 털철사를 끝에서부터 1.5cm 떨어진 위치에서 구부리고, 구부린 것의 반 (7.5mm) 위치에서 직각으로 구부립니다.

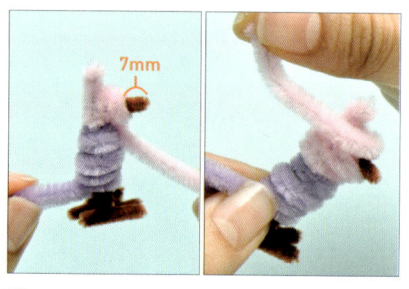

7mm

얼굴이 완성 됐어요!

9

몸통의 목 뒤쪽에 대고 긴 쪽의 털철사를 얼굴 심에 감아 줍니다.

10

앞쪽 7mm를 남기고 되감아 줍니다(→부 리). 이후 목에 2번 감은 다음 위쪽 방향 으로 감아 줍니다.

✂ 날개를 붙이자

11
연두색 6mm 털철사를 사용하여 길이 3cm
의 '양쪽 다리 모양'을 만듭니다(→날개).

12
교차된 부위를 등 쪽에 놓고 몸통을 끼운
다음 한 가닥씩 몸통에 감습니다.

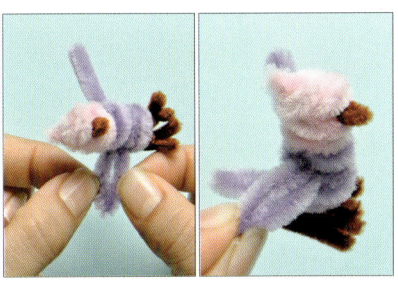

13
날개 사이를 벌려 면을 넓히고 끝부분을
뾰족하게 정돈합니다.

14
날개의 연결 부위는 살짝 앞을 향하도록
하고, 날개의 면은 몸통을 따라 뒤쪽으로
향하도록 만듭니다.

15
털끝을 자르고 다리 끝부분을 가늘게 하
여 아래를 향하도록 동그랗게 말아 곡선
을 만듭니다.

완성!

눈을 붙이고 형태를 정돈합니다.

📏 곰 만드는 법

긴 앞다리와 짧은 앞다리의 비율이 무시무시한 곰을 귀여운 곰으로 탈바꿈해 줘요.
얼굴과 몸통을 감아줄 때는 빡빡하게 감아 주는 것이 포인트랍니다.

🧶 재료

6mm 털철사(갈색) 2개 각각 27cm씩
6mm 털철사(흰색) 1개 5cm
9mm 털철사(갈색) 1개 27cm
나사형 눈 대(지름 약 3mm) 2개
나사형 코(길이 약 4.5mm) 1개

※ 따라 하기 쉽도록 사진에서는 4가지 색의 털철사를 사용합니다.
※ 알맞은 굵기나 색상의 털철사가 없다면 다른 사이즈와 색상을 사용해도 됩니다.
※ ' '에 나온 모양은 34페이지를 참고해 주세요.

♥♥♥ 상급

완성 이미지 14페이지
몸길이 : 약 3cm
높이 : 약 5cm

✂️ 얼굴의 중심부를 만들자

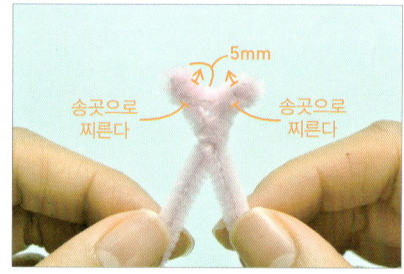

1

갈색 6mm 털철사를 사용하여 5mm의 '삼각형 모양'을 만듭니다(→귀). 귀는 송곳을 사용하여 둥근 모양으로 만듭니다.

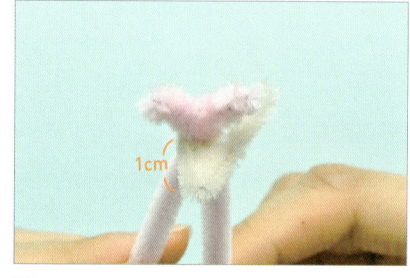

2

5cm의 흰색 6mm 털철사를 사용해 위에서 만든 귀 부분 하단의 교차되는 부분에 단단히 감아 고정하고, 1cm 위치에서 구부려 줍니다(→얼굴 심).

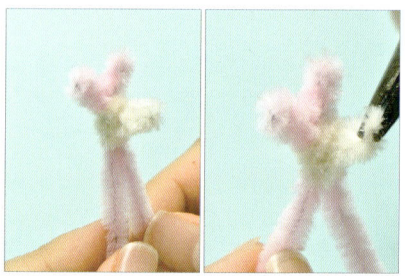

3

나머지는 목에 감고 펜치를 사용하여 코끝을 구부려 위로 향하도록 만듭니다.

얼굴의 중심이
완성됐어요!

✂ 얼굴의 살을 붙이자

4

귀를 만들 때 사용한 갈색 털철사 한 가닥을 얼굴 심에, 코끝에서부터 귀를 향해 감아 줍니다. 나머지는 앞에서부터 귀 사이 → 왼쪽 귀 뒤 → 턱 아래 → 앞에서부터 귀 사이 → 오른쪽 귀 뒤를 통과시켜 목에 감아 줍니다. 전체적으로 빡빡하게 감습니다.

5

갈색 9mm 털철사의 끝을 목에 빡빡하게 감아 고정시킵니다.

얼굴이
완성됐어요!

6

얼굴 주위를 코끝에서부터 귀를 향하도록 2번 빡빡하게 감아 줍니다.

7

앞에서부터 귀 사이 → 오른쪽 귀 뒤 → 턱 아래 → 앞에서부터 귀 사이 → 왼쪽 귀 뒤 순으로 통과시켜 턱 아래에서부터 목으로 감아 줍니다. 전체적으로 빡빡하게 감습니다.

얼굴 아래에 갈색 6mm 털철사와 9mm 털철사가 각각 1개씩 남습니다.

✂️ 몸통을 만들자

몸통이 완성 됐어요!

8
남은 갈색 6mm 털철사를 사용하여 길이 2cm의 '양쪽 다리 모양'을 만들고(→ 뒷다리) 1cm 정도 꼬아 줍니다(→ 몸통).

9
몸통에서부터 3cm 떨어진 위치에서 각각 구부려 교차시키고 빡빡하게 꼬아 줍니다(→ 앞다리). 남은 털철사는 몸통에 감습니다.

✂️ 얼굴과 몸통을 연결하자

10
얼굴 아래에 몸통을 합치고 얼굴 아래쪽 6mm 털철사를 다리 사이에서부터 목으로 향하도록 세로 방향으로 감아 줍니다.

11
목에 한 바퀴 감아 주고 이번에는 몸통의 앞에서부터 세로 방향으로 감습니다. 마지막으로 목에 다시 감아 줍니다.

12
9mm 털철사도 **10**~**11**과 동일하게 감습니다. 남은 부분은 잘라 끝부분을 처리하고 털철사 속으로 넣어 줍니다.

완성!

눈과 코를 붙이고 뒷다리의 끝을 구부립니다.
귀와 얼굴의 털끝을 잘라 형태를 정돈합니다.

🎀 코끼리(아기) 만드는 법

코끼리의 가장 큰 포인트는 큰 귀와 코겠죠? 귀는 면적을 넓히며
손가락으로 두께를 얇게 만들고 표면의 털을 잘라 넓게 보이도록 하면 된답니다.

🧶 재료

6mm 털철사(연한 보라색 또는 회색) 2개 각각 27cm씩
9mm 털철사(연한 보라색 또는 회색) 1개 27cm
나사형 눈 대(지름 약 3mm) 2개

※ 알맞은 굵기나 색상의 털철사가 없다면 다른 사이즈와 색상을 사용해도 됩니다.
※ ' '에 나온 모양은 34페이지를 참고해 주세요.

✂ 골격을 만들자

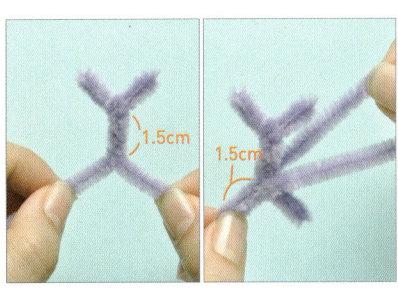

1
6mm 털철사를 사용하여 길이 1.5cm의
'양쪽 다리 모양'을 만듭니다(→앞다리).

2
1.5cm 정도 꼰 후(→몸통) 각각 1.5cm 떨
어진 위치에서 구부려 줍니다(→뒷다리).

3
구부린 부분을 빡빡하게 꼬아 주고 남은
털철사 모두를 몸통에 감아 줍니다.

✂ 꼬리와 코를 만들자

골격이
완성됐어요!

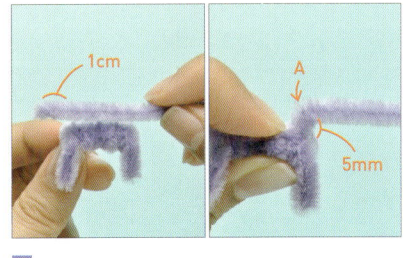

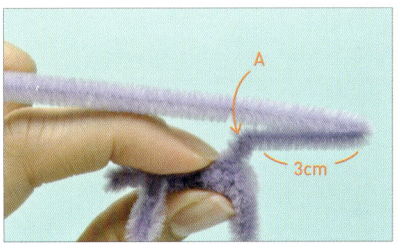

4
골격을 구부려 4개의 다리를 만들고 다른
6mm 털철사의 끝부분을 엉덩이에서부터
1cm 빼서 몸통에 얹어 줍니다(→꼬리). 앞
다리 연결 부위에서부터 수직으로 5mm
올린 다음 구부립니다(→목).

5
A에서부터 3cm 떨어진 위치에서 구부립
니다(→코).

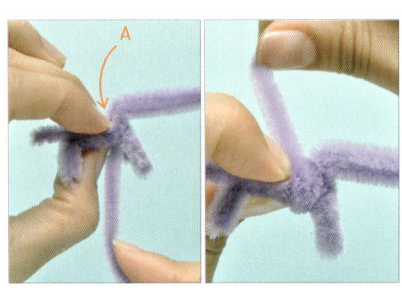

코가
완성됐어요!

얼굴을 만들자

2cm

A

6

이후 A에서 직각으로 구부린 다음 목을 따라 몸통에 감아 줍니다.

7

9mm 털철사를 사용하여 길이 2cm의 '양쪽 다리 모양'을 만듭니다(→귀). 갈라진 부분을 A의 아래 부분에 놓습니다.

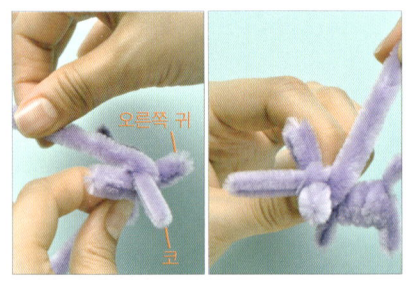

오른쪽 귀

코

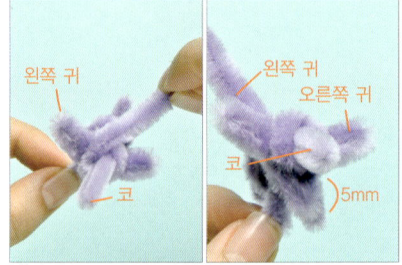

왼쪽 귀

왼쪽 귀

오른쪽 귀

코

코

)5mm

8

오른쪽 털철사는 코와 오른쪽 귀 사이에서부터 머리 위를 대각선으로 통과시킬 수 있도록 한 바퀴 감아 줍니다.

9

나머지는 몸통에 감아 주고 엉덩이까지 오면 몸통의 앞부분을 향하도록 되감습니다.

10

왼쪽의 털철사는 왼쪽 귀 앞→ 오른쪽 귀 뒤→ 코 아래 순으로 통과시키고 목에서부터 5mm 앞에서 다시 구부려 줍니다(→입). 나머지는 목에 감습니다. 코 연결 부위의 털철사를 눈썹 사이에 모아 이마를 만듭니다.

✂️ 마무리를 하자

얼굴이 완성 됐어요!

11
송곳을 사용하여 귀를 넓혀 주고 털끝을 잘라 얇고 평평한 귀를 만듭니다. 눈을 붙이고 코끝을 구부려 줍니다.

완성!

🧵 코끼리(엄마) 만드는 법

골격과 귀를 만드는 법은 아기 코끼리와 동일하지만
긴 코와 상아는 다른 털철사를 사용하여 만들어 합쳐야 해요.
몸통에 감는 털철사는 3개를 사용하여 나무통 같은 두꺼운 배와
큰 엉덩이를 표현하도록 해요.

🧶 재료

6mm 털철사(보라색 또는 회색) 5개 각각 27cm씩
9mm 털철사(보라색 또는 회색) 1개 27cm
3mm 털철사(핑크 또는 흰색) 1개 27cm
나사형 눈 대(지름 약 3mm) 2개

※ 알맞은 굵기나 색상의 털철사가 없다면 다른 사이즈와 색상을 사용해도 됩니다.
※ ' '에 나온 모양은 34페이지를 참고해 주세요.

💜💜💜 상급

완성 이미지 15페이지
몸길이 : 약 7cm
높이 : 약 4.5cm

✂ 골격을 만들자

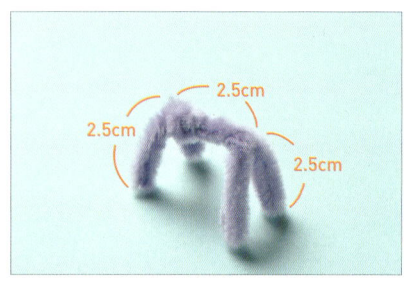

1
보라색 6mm 털철사를 사용하여 길이 2.5cm의 '양쪽 다리 모양'을 만듭니다. 이후 코끼리(아기)의 **1**~**3**과 동일한 방법으로 몸통 길이 2.5cm, 다리 길이 2.5cm의 골격을 만듭니다.

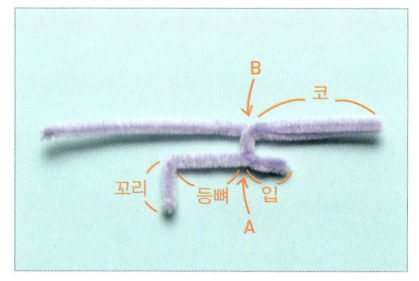

2
다른 6mm 털철사를 그림과 같이 구부려 A, B에서 꼬아 줍니다.

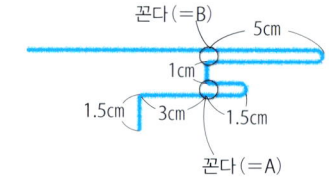

✂ 얼굴을 만들자

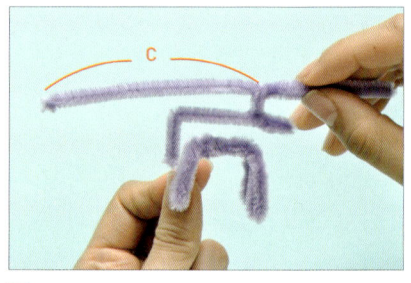

3
몸통에 **2**에서 만든 털철사를 올리고 꼬리의 연결 부위를 엉덩이에 합칩니다.

4
C의 털철사를 사용하여 몸통과 골격을 같이 꼬아 줍니다.

몸통에 꼬리와 얼굴이 합쳐졌어요!

✂ 상아를 만들자

5
핑크색 3mm 털철사를 사용하여 길이 2.5cm의 '양쪽 다리 모양'을 만들고(→상아) D를 코와 입 사이에 끼워 줍니다.

68

✂ 귀를 만들자

6 겨드랑이 아래를 통과시켜 한 가닥씩 몸통에 감아 줍니다.

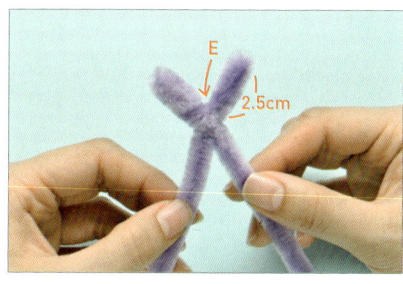

E
2.5cm

7 9mm 털철사를 사용하여 길이 2.5cm의 '양쪽 다리 모양'을 만들고(→귀) E를 코와 상아 사이에 끼워 줍니다.

8 나머지 두 가닥 중, 오른쪽의 한 가닥은 왼쪽 귀 뒤 → 왼쪽 귀 아래→ 턱 아래로 통과시키고 동일하게 한 번 더 반복해서 머리에 볼륨감을 줍니다.

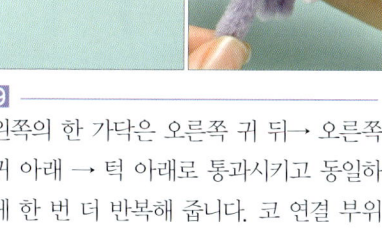

9 왼쪽의 한 가닥은 오른쪽 귀 뒤→ 오른쪽 귀 아래 → 턱 아래로 통과시키고 동일하게 한 번 더 반복해 줍니다. 코 연결 부위의 털철사를 눈썹 사이에서 모아 이마를 만듭니다.

귀가
붙었어요!

✂ 살을 붙이자

10 다른 나머지 6mm 털철사의 끝부분을 목 뒤쪽에 놓고 몸통에 감습니다. 같은 방법으로 나머지 2개의 털철사를 몸통에 감아 살을 충분히 붙여 줍니다.

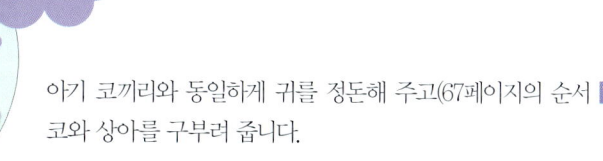

완성!

아기 코끼리와 동일하게 귀를 정돈해 주고(67페이지의 순서 **11**) 코와 상아를 구부려 줍니다.

🧶 코알라 만드는 법

코알라의 귀와 코는 털철사 사이에 송곳을 넣어 넓히고
두께를 얇게 하여 면적을 크게 만들며 윤곽을 동그랗게 해 주도록 해요.

🧶 재료

3mm 털철사(검은색) 12cm 1개
6mm 털철사(회색) 1개 27cm
9mm 털철사(회색) 2개 각각 27cm씩
나사형 눈 대(지름 약 3mm) 2개

※ 알맞은 굵기와 색상의 털철사가 없다면 다른 사이즈와 색상을 사용해도 됩니다.
※ '　　'에 나온 모양은 34페이지를 참고해 주세요.

완성 이미지 16페이지
몸길이 : 약 3cm
높이 : 약 4cm

✂️ 얼굴 심을 만들자

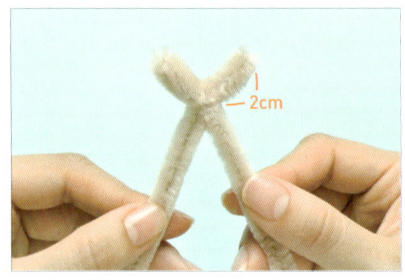

1
9mm 털철사를 사용하여 길이 2cm의 '양
쪽 다리 모양을 만듭니다(→귀).

2
12cm의 검은색 3mm 털철사를 반으로
구부린 다음 중심으로부터 1cm 떨어진 위
치에서 각각 9번 구부려 주고 구부린 때미
다 꼬아서 고정시킵니다(→얼굴 심, 코).

3
2에서 만든 털철사를 1에서 만든 털철사
에 놓고 좌우의 털철사를 각각 귀에 감아
고정시킵니다. 검은색 털철사가 살 보이지
않게 최대한 교차점 근처에서 감습니다.

얼굴 심이
만들어졌어요!

✂ 얼굴에 살을 붙이자

송곳으로 넓힌다

2cm
=
A

머리 뒤쪽에서 본 모양입니다.

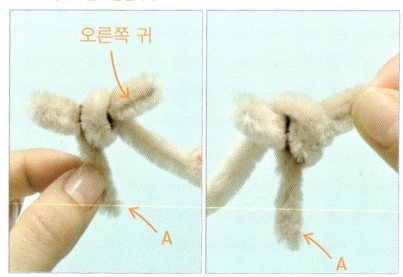

오른쪽 귀

A

A

4
얼굴 아래의 털철사 한 가닥을 얼굴 심에 감고 그 끝을 2cm 정도 남깁니다(A). 코는 털철사 사이에 송곳을 넣어 넓히고 얼굴을 따라 곡선을 만들어 줍니다.

5
얼굴 아래에 남은 털철사 한 가닥은 뒤에서부터 귀의 사이 → 오른쪽 귀 앞 순으로 통과시키고 귀 사이에 8자가 되도록 감아 줍니다.

✂ 골격을 만들자

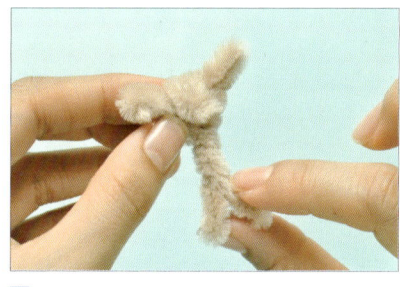

2.5cm

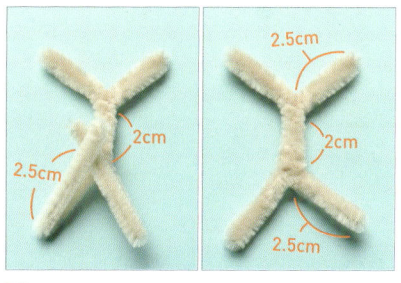

2.5cm

2.5cm

2cm

2.5cm

2cm

2.5cm

6
나머지는 A와 꼬아 줍니다.

7
6mm 털철사를 사용하여 길이 2.5cm의 '양쪽 다리 모양'을 만듭니다(→앞다리).

8
교차된 부분에서부터 2cm 꼬아 주고(→몸통) 각각 2.5cm 떨어진 위치에서 구부려 줍니다. 구부린 부분을 꼰 다음(→뒷다리) 나머지는 몸통에 감아 줍니다.

✂ 얼굴과 몸통을 합치고 살을 붙이자

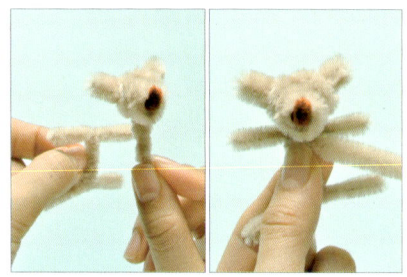

9 ———
앞서 만든 얼굴과 몸통을 남은 9mm 털철사를 사용해 겨드랑이 밑 아래로 2번 감아 고정시킵니다.

10 ———
목 주위를 한 번 감고 겨드랑이 아래로 돌아오면 몸통의 위에서부터 아래로 감아줍니다.

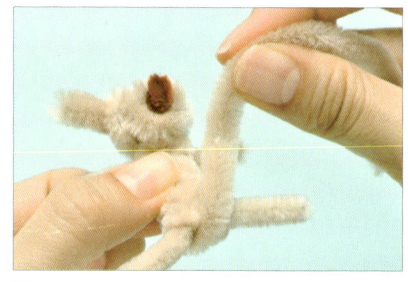

11 ———
뒤에서부터 다리 사이를 통과시켜 다리의 연결 부위를 8자 모양으로 감습니다.

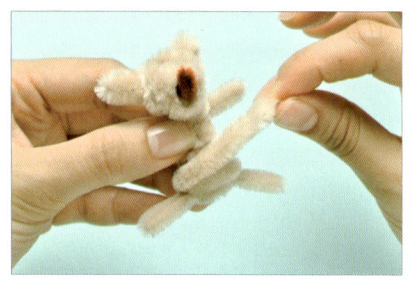

12 ———
남은 털철사를 전부 사용하여 엉덩이에서부터 몸통 아래 반을 감아 줍니다.

완성!

눈을 붙이고 다리 끝을 구부립니다. 귀를 넓혀 주고 털을 잘라 동그랗게 정돈합니다.

🧵 판다 만드는 법

얼굴에서부터 쭉 뻗어 나온 검은 털철사가 트레이드 마크인
처진 눈꼬리가 돼요. 하반신을 뽈록하고 투실투실하게
만들어 판다의 귀여운 모습을 한껏 살려 주세요!

🧶 재료

3mm 털철사(검은색) 1개 35cm
6mm 털철사(흰색) 1개 32cm
6mm 털철사(검은색) 1개 27cm
9mm 털철사(흰색) 1개 27cm
나사형 눈 대(지름 약 3mm) 2개
나사형 눈 소(지름 약 2mm) 1개

※ 따라 하기 쉽도록 사진에서는 4가지 색의 털철사를 사용합니다.
※ 알맞은 굵기나 색상의 털철사가 없다면 다른 사이즈와 색상을 사용해도 됩니다.
※ ' '에 나온 모양은 34페이지를 참고해 주세요.

❤❤❤ 상급

완성 이미지 17페이지
몸길이 : 약 3cm
높이 : 약 4.5cm

✂️ 귀와 눈꼬리가 처진 눈을 만들자

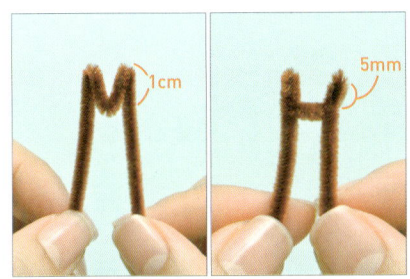

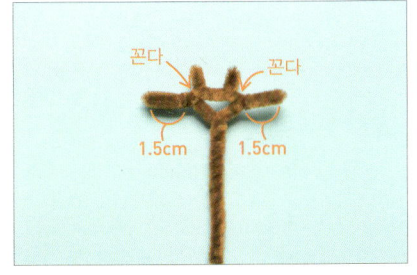

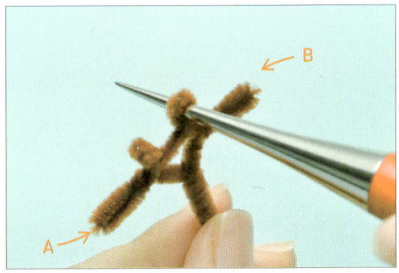

1
35cm의 검은색 3mm 털철사를 반으로 구
부리고 중심으로부터 1cm 떨어진 위치에서
털철사 두 가닥을 함께 구부려 M자 모양을
만듭니다. 뾰족한 부분에서부터 5mm 떨어
진 위치에서 꼬아 줍니다(→귀). 이후 M자
의 가운데를 펴 줍니다.

2
좌우 양쪽 털철사 모두 귀에서부터 1.5cm 떨
어진 위치에서 사진과 같이 구부린 다음 꼬
아 줍니다. 이후 털철사 두 가닥을 교차시키
고 끝까지 꼬아 줍니다.

3
송곳으로 귀의 구멍을 동그랗게 넓히고 A
와 B를 앞쪽으로 구부립니다(→눈꼬리가
처진 눈).

✂ 얼굴의 중심부를 만들자

4
32cm의 흰색 6mm 털철사의 끝을 목에 감아 고정시킵니다. 목에서부터 1.5cm 떨어진 위치에서 구부리고(→얼굴 심) 목 뒤로 돌린 다음 얼굴 심에 감아 줍니다.

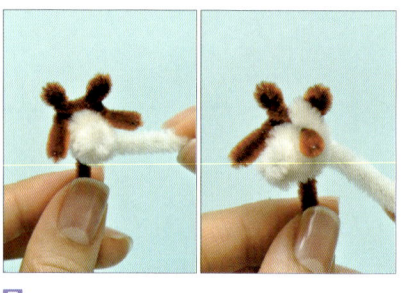

5
코끝까지 오면 되감아 머리 뒤에서부터 귀 사이를 통과시킨 후 귀와 눈 사이를 통과시켜 줍니다.

6
턱 아래로 돌려 귀와 눈 사이를 통과하고 반대편 귀의 뒤를 통과시킵니다. 마지막으로 털철사를 목 뒤로 돌려 줍니다.

✂ 골격을 만들자

7
흰색 9mm 털철사를 목에 한 번 감아 고정시키고 귀밑에 한 번 감아 줍니다.

8
얼굴 앞에서부터 귀 사이를 통과시키고 오른쪽 귀 뒤 → 턱 아래 → 귀 사이 → 왼쪽 귀 뒤 순으로 돌려 줍니다.

9
목에 한 바퀴 감아 고정시킵니다.

✂ 얼굴에 몸을 합치자

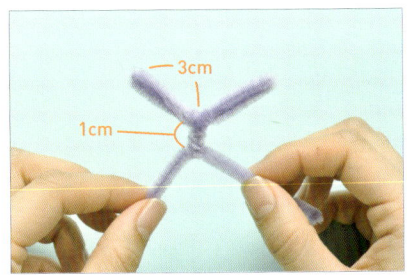

10

검은색 6mm 털철사를 사용하여 길이 3cm의 '양쪽 다리 모양'을 만들고(→뒷다리) 이어서 1cm 정도 꼬아 줍니다.

11

얼굴 앞에 몸통을 놓고 검은색 3mm 털철사를 다리 사이에서부터 몸통의 오른쪽 바로 위로 통과시킵니다.

12

오른쪽 어깨에서부터 목 뒤로 돌려 왼쪽 어깨 앞으로 온 후 몸통 왼쪽을 따라 내립니다. 다시 한번 다리 사이를 통과하고 나머지는 몸통에 감아 줍니다.

몸과 얼굴이 합쳐졌어요!

✂ 몸통에 살을 붙이고 앞다리를 만들자

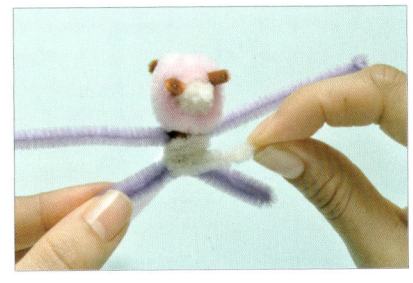

13

목에서부터 뻗어 있는 흰색 6mm 털철사를 몸통에 감아 줍니다.

14

흰색 9mm 털철사는 허리에 한 바퀴 감은 다음 다리 사이로 통과시켜 뒷다리 연결 부위에 8자가 되도록 감아 줍니다. 나머지는 몸통 위 반을 감습니다.

얼굴과 몸이
완성됐어요!

✂️ 형태를 정돈하자

15

왼쪽 앞다리의 털철사는 끝부분을 오른쪽
겨드랑이 아래에 놓고 구부려 주고 오른
쪽 앞다리 연결 부위에 한 바퀴 감습니다.
반대편은 등 쪽에서 구부려 동일한 방법
으로 만들어 줍니다. 마지막으로 오른쪽
어깨를 한 번 꼬아 고정시킵니다.

16

눈 부분은 송곳으로 구멍을 넓히고 두께
를 얇게 만들어 준 후 얼굴을 따라 아래
방향으로 구부립니다.

완성!

17

펜치를 사용하여 코끝의 뾰족한 부분을
조금 구부려 윤곽을 동그랗게 만들어 줍
니다.

눈과 코를 붙이고 뒷다리를 구
부립니다. 얼굴의 털을 자르고
윤곽을 동그랗게 정돈합니다.

🐧 펭귄 만드는 법

골격과 날개를 만드는 법은 잉꼬와 매우 비슷하지만, 살을 붙일 때
아래쪽 부분을 두껍게 하고 다리를 짧아 보이도록 하는 것이 포인트예요.
색이 다른 볼 부분은 마지막에 펜치를 사용하여 털철사를 구부려서
동그랗게 만들어 얼굴 쪽에 붙여 줍니다.

🧶 재료

3mm 털철사(주황색) 1개 27cm
6mm 털철사(흰색) 1개 27cm
6mm 털철사(검은색) 1개 27cm
라임스톤(지름 약 2mm) 2개

* 알맞은 굵기나 색상의 털철사가 없다면 다른 사이즈와 색상을 사용해도 됩니다.
* ' '에 나온 모양은 34페이지를 참고해 주세요.

완성 이미지 18페이지
몸길이 : 약 2.5cm
높이 : 약 4cm

✂️ 골격을 만들자

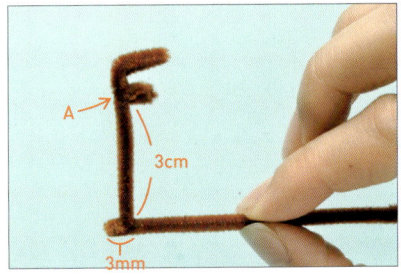

1

3mm 털철사를 반으로 접어 중심에서부터
1.5cm 떨어진 위치에서 털철사 두 가닥을 같
이 직각으로 구부립니다(→얼굴 심). 이후
7mm 아래(A)에서 다시 한 번 직각으로 구
부린 다음 A에서부터 5mm 떨어진 위치에서
다시 구부린 후(→볼) 아래 방향으로 펴 줍
니다.

2

한 가닥씩 A에서 꼬아 줍니다.

3

다시 한 번 털철사 두 가닥을 같이 A에서
부터 3cm 아래의 위치에서 얼굴 심과 반
대 방향으로 향하도록 직각으로 구부리고
3mm 위치에서 다시 구부려 줍니다(→ 발
뒤꿈치).

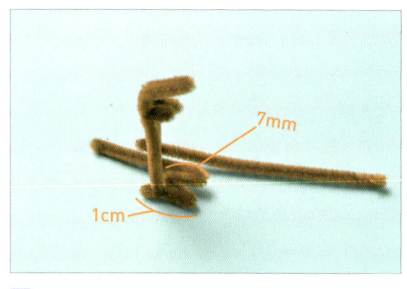

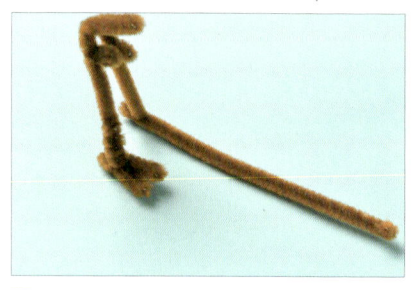

골격이
완성됐어요!

4

발뒤꿈치의 뒤에서부터 1cm(다리 연결 부위에서부터 7mm) 앞에서 구부려 7mm의 산을 만듭니다(→ 발뒤꿈치). 동일하게 산을 하나 더 만들어 M자 모양이 되도록 합니다.

5

나머지는 다리에 감아 줍니다. 반대편 다리도 동일한 방법으로 만듭니다.

✂ 몸통에 살을 붙이자

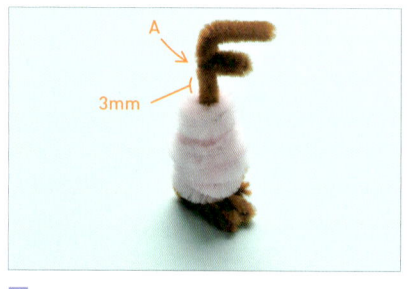

6

6mm 흰색 털철사의 끝을 다리 연결 부위에 놓고 골격을 이루고 있는 털철사 두 가닥을 함께 감아 줍니다.

7

A에서부터 3mm 아래까지 감으면 다시 내려오면서 다리가 두꺼워지도록 감습니다.

✂ 날개를 만들자

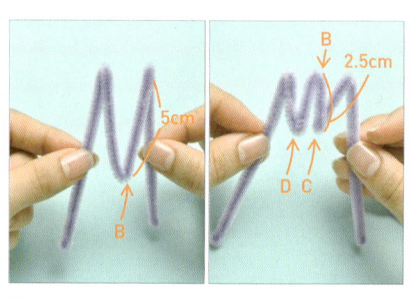

8

6mm 검은색 털철사를 반으로 접어 중심(B)에서부터 5cm 떨어진 위치에서 구부립니다. B를 들어 올려 다시 반으로 구부린 다음 펼칩니다.

9

C와 D를 각각 자신의 바깥쪽에 있는 털철
사와 함께 꼬아 줍니다.

날개가 완성
됐어요!

10

목을 날개(C와 D) 사이에 끼우고 한 가닥
을 볼과 얼굴 심 사이로 통과시킵니다.

✂️ 마무리

7mm

11

이어서 얼굴에 감고 7mm 정도 남겨 부리
를 만들고 전부 되감아 줍니다. 다른 털철
사 한 가닥은 볼 아래에 감아 줍니다.

12

날개 사이를 넓히고 날개의 연결 부위를
살짝 들어 올려 어깨를 동그랗게 만듭니
다. 꼬리는 뾰족하게 만들고 살짝 위를 향
하도록 합니다.

13

색이 다른 볼 부분은 펜치로 구부린 후 얼
굴에 붙여 줍니다.

완성!

접착제를 이용하여 라임스톤
눈을 붙입니다.

'왕초보'도 쉽고 재미있게 따라 할 수 있는 동물 인형

손재주가 없는 사람이라도 쉽게 따라 할 수 있는 '악어', '바다표범', '알파카' 털철사 동물 인형을 만들어 보아요!
얼굴과 몸통을 합치고 감아 주는 작업만으로도 쉽게 완성된답니다!

🐊 악어 만드는 법

'양쪽 다리 모양'의 털철사를 3개 만들고 감아서 합치면
눈 깜짝할 사이에 악어를 만들 수 있어요!

🧶 재료

6mm 털철사(연두색) 3개 각각 27cm씩
나사형 눈 대(지름 약 3mm) 2개

※ 알맞은 굵기나 색상의 털철사가 없다면 다른 사이즈와 색상을 사용해도 됩니다.
※ '   '에 나온 모양은 34페이지를 참고해 주세요.

완성 이미지 20페이지
폭 : 약 2cm
몸길이 : 약 8.5cm

✂️ 입 부분을 1개, 다리 부분을 2개 만들자

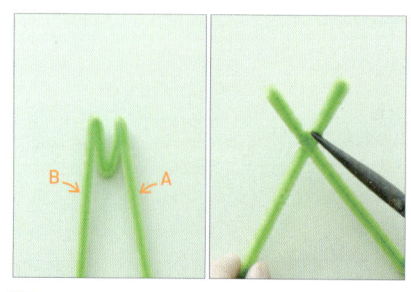

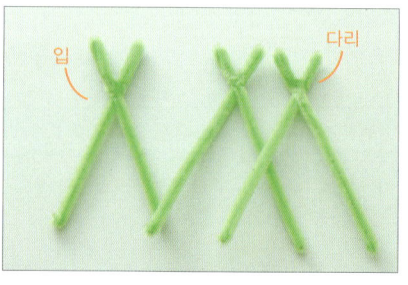

1
6mm 털철사를 반으로 접은 다음 중심에서부터 3cm 떨어진 위치에서 털철사 두 가닥을 함께 구부립니다.

2
겹쳐진 두 가닥을 펴서 M자 모양을 만들고 A와 B를 교차시킨 다음 펜치를 사용하여 2번 꽉 꼬아 줍니다(→입).

3
나머지 6mm 털철사 2개 또한 반을 접어 중심에서부터 2cm 떨어진 위치에서 구부려 **2**와 동일한 방법으로 꼬아 줍니다(→다리).

✄ 얼굴과 다리를 만들자

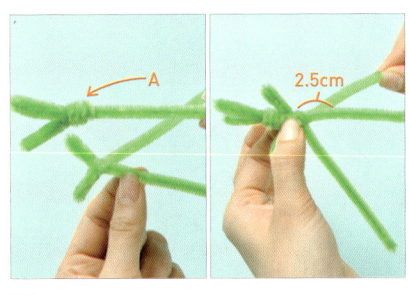

4 입은 털철사 한 가닥을 축으로 하여 다른 한 쪽을 꼬리 방향으로 3번 감아 준 다음 되감 습니다(→얼굴).

5 얼굴 아래(A)에 다리 부분을 놓고 털철사 한 가닥을 꼬리 방향으로 2.5cm가 되도록 감아 줍니다(→몸통).

6 5 에서 감은 털철사 위에 나머지 한 가닥 을 겹쳐서 감습니다. 밸런스를 맞추며 모 양이 보기 좋게 감아 줍니다.

✄ 형태를 정돈하고 마무리하자

7 나머지 다리 털철사를 6 에서 감아 둔 부 분의 끝부분에 놓고 한 가닥을 꼬리 방향으 로 1.5cm가 되도록 감아 줍니다(→엉덩이).

8 나머지 하나는 전체적인 밸런스를 보며 몸 통에 감습니다.

9 얼굴과 꼬리 연결 부위를 잡고 몸통의 중 심 부분으로 누르며 모양을 정돈합니다. 이후 꼬리를 알맞게 자릅니다.

완성!

다리를 구부리고 눈을 붙입니다.
입은 크게 열고 모양을 정돈합니다.

바다표범 만드는 법

짧은 가슴지느러미와 동그랗고 귀여운 눈동자가 사랑스러운 바다표범!
눈을 붙이는 위치가 가장 두꺼워지도록 감아 주고 나머지는 꼬리지느러미
방향으로 점점 가늘어지게 감으면 쉽게 완성할 수 있어요.

재료

3mm 털철사(회색) 1개 32cm
6mm 털철사(흰색) 2개 각각 27cm씩
나사형 눈 대(지름 약 3mm) 2개

※ 알맞은 굵기나 색상의 털철사가 없다면 다른 사이즈와 색상을 사용해도 됩니다.
※ ' '에 나온 모양은 34페이지를 참고해 주세요.

완성 이미지 19페이지
폭 : 약 2cm
몸길이 : 약 5cm

꼬리지느러미와 골격을 만들자

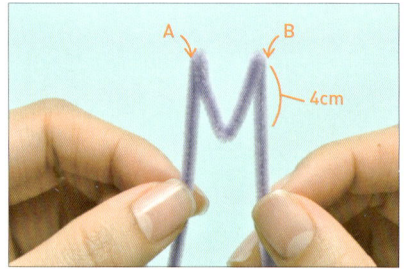

1
32cm의 3mm 털철사를 반으로 구부리고
중심에서부터 4cm 떨어진 위치에서 구부
려 M자 모양을 만듭니다.

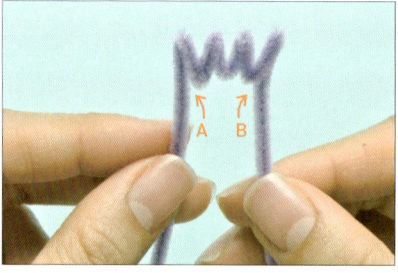

2
A, B를 각각 구부려 산 모양이 4개 생기도
록 만듭니다.

3
길이가 긴 털철사를 교차시키고 꽉 꼬아
줍니다(→꼬리지느러미).

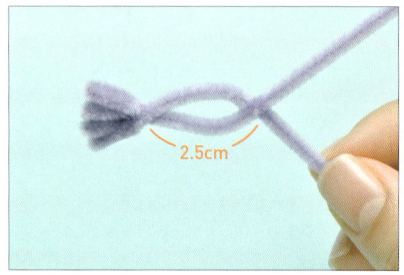

4
털철사 두 가닥을 사용하여 2.5cm의 완
만한 곡선을 만들고 끝을 꼬아 줍니다(→
몸통).

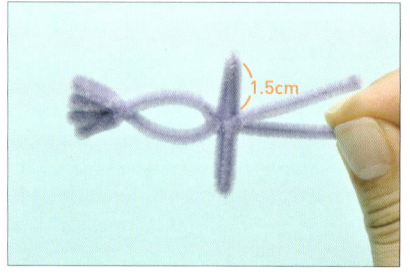

5
꼰 위치에서부터 각각 1.5cm를 구부리고
교차되는 부분을 꼬아 줍니다(→가슴지느
러미).

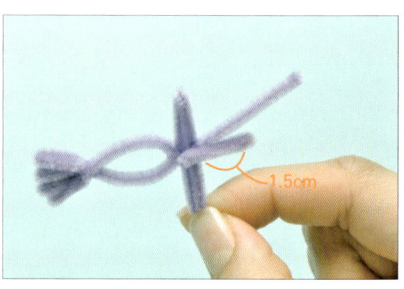

6
털철사 한 가닥을 1.5cm 정도 구부립니다.

골격이 완성
됐어요!

7 ─────
다른 쪽 털철사로 구부린 부분을 감습니
다(→얼굴 심).

8 ─────
6mm 털철사를 가슴지느러미 연결 부위
에 놓고 얼굴 심에 감습니다.

9 ─────
코끝을 표현하기 위해 끝을 조금 남긴 채
로 되감아 주고 나머지는 몸통에, 얼굴의
반 정도(눈을 붙이는 부분)가 가장 두껍게
되도록 감습니다.

10 ─────
나머지 6mm 털철사의 끝을 꼬리지느러미
연결 부위에 감아서 고정시킵니다. 아래에
서 위로 몸통을 감습니다.

11 ─────
코끝은 펜치로 구부려 동그랗게 만듭니다.
가슴지느러미는 송곳을 사용하여 넓히고
살짝 아래 방향을 향하도록 정돈해 줍니다.

완성!

눈을 붙입니다.

🧵 알파카 만드는 법

목이 긴 알파카는 목의 심이 되는 부분을 꽉 감아 튼튼하게 만들고
엉덩이는 양처럼 풍성하게 하면 만들 수 있어요!
눈은 코 바로 옆에 약간 모아진 눈으로 멍한 표정이 되게 표현하세요.

완성 이미지 23페이지
폭 : 약 3.5cm
몸길이 : 약 5cm

🧶 재료

3mm 털철사(흰색) 1개 27cm
6mm 털철사(흰색) 1개 27cm
9mm 털철사(흰색) 2개 각각 27cm씩
나사형 눈 대(지름 약 3mm) 2개

* 알맞은 굵기나 색상의 털철사가 없다면 다른 사이즈와 색상을 사용해도 됩니다.
* ' '에 나온 모양은 34페이지를 참고해 주세요.

✂️ 귀와 얼굴의 심을 만들자

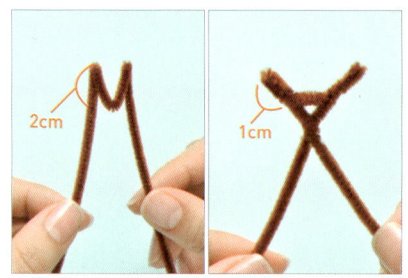

1
3mm 털철사를 반으로 구부리고 중심으로부터 2cm 떨어진 위치에서 두 가닥을 함께 구부려 M자 모양을 만든 다음 길이 1cm의 '삼각형 모양'을 만듭니다(→귀).

2
털철사 한 가닥을 직각으로 올려 1cm를 남긴 상태로 구부리고(→얼굴 심) 목 뒤로 돌려 줍니다.

3
이후 얼굴 심을 감습니다. 끝까지 다 감기면 방향을 바꿔 다시 되감아 줍니다.

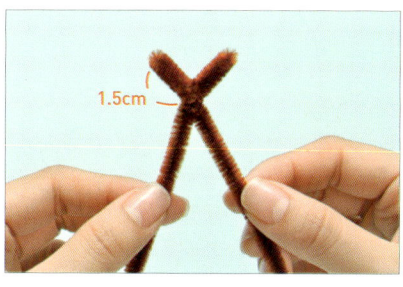

얼굴이
완성됐어요!

✂ 골격을 만들자

1.5cm

4 ────────
6mm 털철사를 사용하여 길이 1.5cm의
'양쪽 다리 모양'을 만듭니다(→뒷다리).

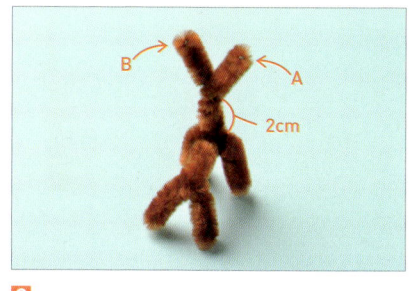

2cm
1.5cm

5 ────────
아랫부분을 2cm 꼬아 줍니다(→몸통). 이후
각각 1.5cm 떨어진 위치에서 다시 구부려 줍
니다(→앞다리). 교차시킨 부분을 꼬아 줍니
다.

✂ 얼굴과 몸통을 합치자

B
A
2cm

6 ────────
골격을 각각 구부려 4개의 다리를 만듭니
다. 나머지는 2cm 정도 꼬아 줍니다(→목).

B
A

7 ────────
목에 얼굴을 놓고 A와 B를 한가닥씩 턱
아래에 감아서 고정시킵니다.

8 ────────
얼굴 아래 3mm 털철사는 목 위에서 아래
로 감아 주고 다리 연결 부위까지 오면 방
향을 바꿔 위쪽으로 다시 감습니다.

✂ 살을 붙이자

얼굴과 몸통이
합쳐졌어요!

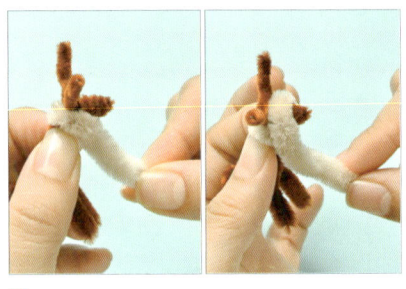

9 9mm 털철사의 끝을 목에 감아 고정시키고 턱 아래부터 얼굴 심까지 한 바퀴 감습니다.

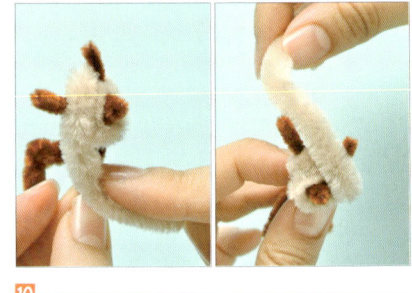

10 귀 사이에서 다시 한 번 턱 아래로 통과시키고 반대편에서 귀 사이로 돌아오게 감습니다.

11 나머지는 목에서부터 몸통 반을 감아 줍니다.

12 다른 9mm 털철사를 더해 몸통 나머지 반을 감아 줍니다.

13 이후 뒷다리 사이를 아래에서 위로 통과시킵니다.

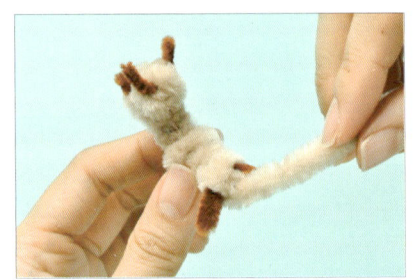

14 다리 사이를 8자가 되도록 감습니다.

15 엉덩이에 충분할 정도로 감아 주고 몸통으로 돌아와 다시 감아 줍니다.

완성!

코 근처에 눈을 붙입니다.

🧵 해달 만드는 법

발끝과 코끝을 조금 남기고 주위는 푹신푹신하게 만들어요.
배가 위를 향하도록 포즈를 잡고 털철사를 사용하여
작은 조개를 만들어 손에 쥐어 주면 완성이에요!

🧶 재료

3mm 털철사(검은색) 2개 각각 27cm씩
9mm 털철사(베이지색) 1개 27cm
9mm 털철사(갈색) 2개 각각 27cm씩
나사형 눈 대(지름 약 3mm) 2개

※ 알맞은 굵기나 색상의 털철사가 없다면 다른 사이즈와 색상을 사용해도 됩니다.
※ ' '에 나온 모양은 34페이지를 참고해 주세요.

♡♡♡ 중급

완성 이미지 21페이지
폭 : 약 2.5cm
몸길이 : 약 7.5cm

✂️ 얼굴을 만들자

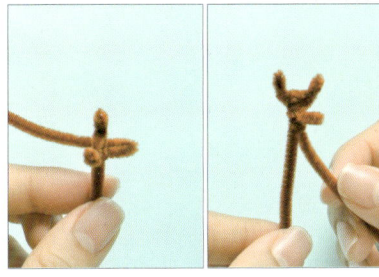

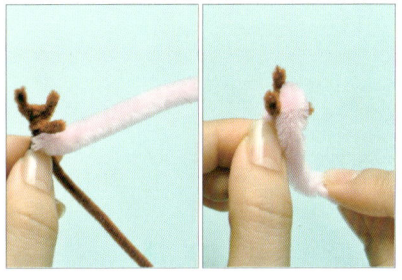

1
3mm 털철사를 사용하여 귀 길이 5mm '삼각형 모양'을 만들고 양쪽을 손으로 찝어 위쪽으로 들어 올립니다(→귀).

2
얼굴 아래 털철사 한 가닥을 직각으로 올려 1cm 위치에서 구부리고(→얼굴 심) 목에 한 바퀴 감아 꽉 조여 줍니다.

3
9mm 베이지색 털철사 끝을 목에 놓고 얼굴 심을 3~4회 감아 줍니다. 코끝을 조금 남깁니다.

얼굴이
완성됐어요!

골격을 만들자

4

앞에서부터 귀 사이 → 왼쪽 귀의 뒤 → 턱 아래 → 오른쪽 귀 뒤 → 귀 사이 순으로 통과시킨 후 나머지는 자른 다음 끝을 처리합니다.

5

3mm 털철사를 사용하여 길이 3cm의 '양쪽 다리 모양'을 만듭니다(→뒷다리).

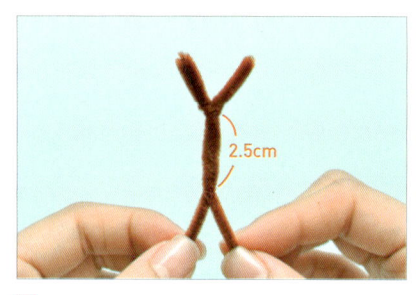

골격이
만들어졌어요!

6

아래쪽 두 가닥의 털철사를 평행이 되도록 정돈한 다음 2.5cm 떨어진 위치에서 한 번 꼬아 줍니다(→몸통).

7

각각 2cm 떨어진 위치에서 구부려 교차된 부분을 꼬아 줍니다(→앞다리). 털철사가 남는다면 한 가닥씩 몸통에 감습니다.

✂ 얼굴과 몸통을 합치자

얼굴과 몸통이
합쳐졌어요!

8

얼굴을 몸통 앞에 놓고 얼굴 아래 털철사를 한 가닥씩 몸통에 감습니다. 각각 몸통의 아래까지 오면 방향을 바꾸어 다시 감아 줍니다.

✂ 꼬리를 만들고 살을 붙이자

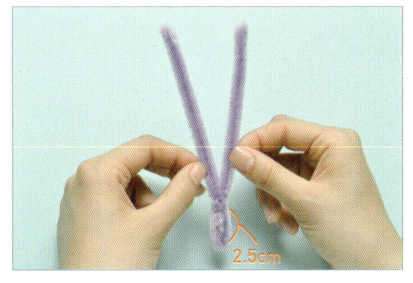

2.5cm

9

갈색 9mm 털철사를 반으로 접은 다음 중심에서부터 2.5cm 떨어진 위치에서 꼬아 줍니다(→꼬리).

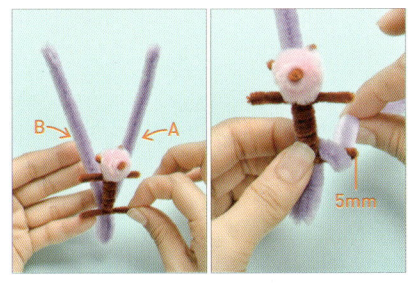

B   A

5mm

10

꼬리의 연결 부위에 뒷다리의 연결 부위를 합쳐 줍니다. 오른쪽 발끝 5mm를 남기고 A의 털철사를 발끝부터 연결 부위 방향으로 감습니다.

11

남은 털철사로 몸통의 반을 감아 줍니다.

12

반대편도 B의 털철사를 사용하여 똑같이 감아 주고 몸통의 반을 감아 이중이 되도록 만듭니다.

✂ 몸통에 살을 붙이자

13
갈색 9mm 털철사를 반으로 구부리고 그 중심을 목 뒤에 놓습니다.

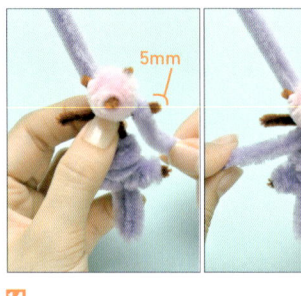

5mm

14
뒷다리와 동일하게 한 가닥씩 앞다리에 감아 줍니다. 발끝 5mm를 남기고 방향을 바꿔 감습니다. 이어서 목에서 상반신으로 향하도록 감아 줍니다.

＊ 털철사가 부족하다면 갈색 털철사를 사용해 한 번 더 감아 줍니다.

살이 붙었어요!

✂ 마무리

15
4개의 다리가 위를 향하도록 하고 발끝을 구부려 둥글게 만듭니다.

완성!

눈을 붙이고 얼굴의 털을 자른 다음 모양을 정돈합니다.

＊ 조개 만드는 법은 94페이지를 참고하세요.

🧵 검은 고양이 만드는 법

손발과 꼬리를 부드러운 곡선이 되도록 만들고 4개의 다리는
걸어가는 것처럼 정돈해 주면 고양이를 만들 수 있어요!
나사형 눈은 흰색으로 색칠한 후 유성펜으로 눈동자를 그리면 됩니다.

🧶 재료

3mm 털철사(검은색) 1개 27cm
6mm 털철사(검은색) 3개 각각 27cm씩
나사형 눈 대(지름 약 3mm) 2개

※ 따라 하기 쉽도록 사진에서는 2가지 색상의 털철사를 사용합니다.
※ ' '에 나온 모양은 34페이지를 참고해 주세요.

완성 이미지 22페이지
폭 : 약 4cm
몸길이 : 약 3.5cm

✂️ 얼굴을 만들자

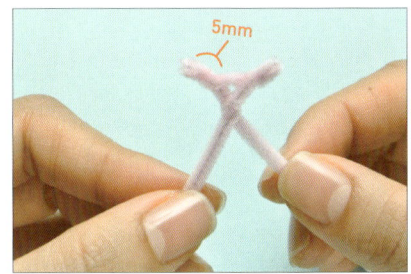

1
3mm 털철사를 사용하여 길이 5mm의
'삼각형 모양'을 만듭니다(→귀).

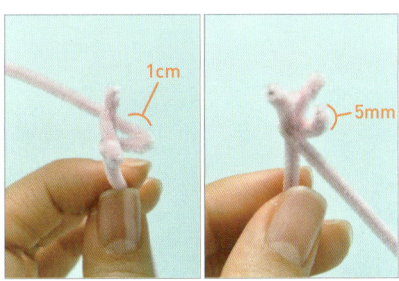

2
아래쪽 털철사 한 가닥을 직각으로 올려
1cm 떨어진 위치에서 구부리고(→얼굴 심)
목에 한 바퀴 감아 고정시킵니다. 얼굴의
심 끝을 5mm 구부립니다(→코).

3
6mm 털철사의 끝부분을 목에 한 바퀴
감아 고정시키고 얼굴 심을 코끝에서부터
2번 감아 줍니다.

4
이어서 한쪽 귀를 앞에서 뒤로 감아 줍니다.

5
턱 아래를 통과시키고 반대쪽 귀도 앞에
서 뒤로 감아 줍니다.

얼굴이
완성됐어요!

91

✂ 골격을 만들자

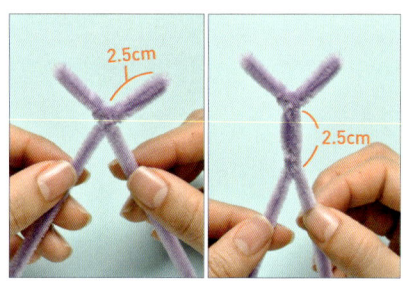

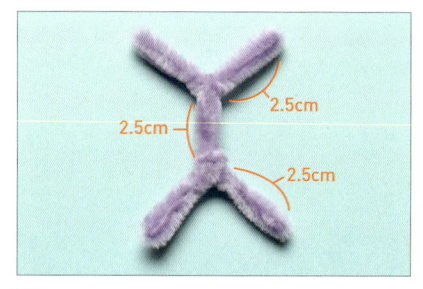

6 —————
다른 6mm 털철사를 사용하여 길이 2.5cm의 '양쪽 다리 모양'을 만들고(→앞다리) 아래쪽 털철사 두 가닥을 꼬지 않고 나란히 정돈해 2.5cm 떨어진 위치에서 한 번 꼬아 줍니다(→몸통).

7 —————
아래 부분은 2.5cm 떨어진 위치에서 구부린 다음 꼬아 줍니다(→뒷다리).

✂ 얼굴과 몸통을 합치자

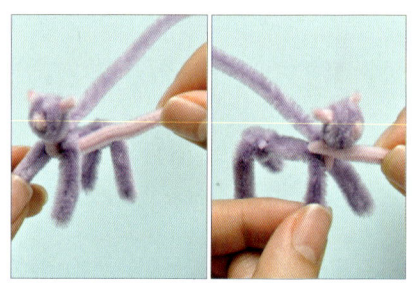

8 —————
다리를 구부린 후 얼굴 아래 3mm 털철사 두 가닥을 앞다리 사이로 통과시켜 겨드랑이 아래로 돌려 목에 감습니다.

✂ 꼬리를 만들고 살을 붙이자

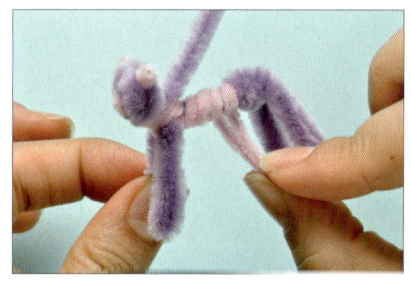

9 —————
이어서 몸통에 감아 줍니다.

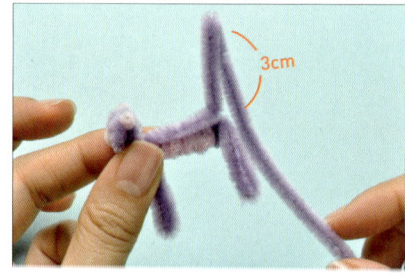

10 —————
6mm 털철사의 나머지를 등을 따라 놓고 허리 부분에서 구부려 올린 다음 3cm 떨어진 위치에서 다시 구부려 줍니다(→꼬리).

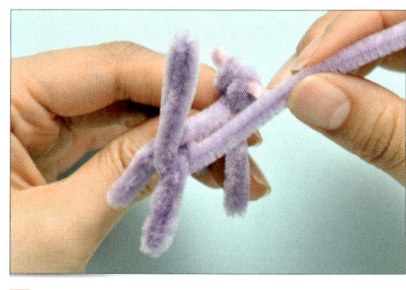

11 —————
뒷다리의 사이로 통과시켜 몸통에 감아 줍니다.

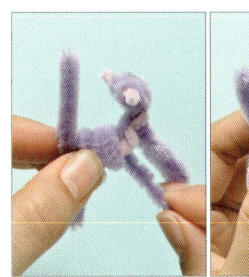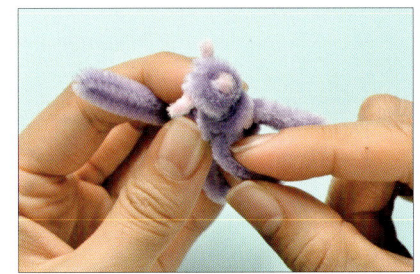

12 ───────

다른 6mm 털철사를 더해서 끝에서부터 얼굴 방향으로 감고 목에도 2번 감습니다. 나머지는 겨드랑이 아래에서 몸통으로 감습니다.

13 ───────

각각의 다리 연결 부위를 조금 들어 올려 허벅지 모양을 정돈하고 발끝은 살짝 앞쪽으로 구부려 줍니다.

완성!

몸통을 겨드랑이에서 눌러 가로 폭을 좁히고 눈을 붙여 줍니다. 귀와 얼굴의 털을 자르고 모양을 정돈합니다.

＊ 눈은 검은 나사형 눈을 흰색 아크릴물감으로 칠한 다음 얼굴에 붙여 전체적인 밸런스를 보며 검은색 유성펜으로 눈동자를 그리면 됩니다.

음식을 만들어요

귀여운 동물이 완성되면 먹이를 주고 싶어지지 않아요?
뭉치고 지그재그로 정돈해 주는 등의 방법을 통해 당근, 사과, 바나나, 조개를 만들어 봐요!

✂️ 당근 만드는 법

🧵 재료

3mm 털철사
(연두, 주황색) 1/2개씩
길이 : 약 3cm

완성 이미지 : 10페이지

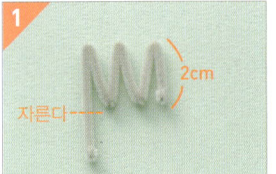

1

2cm
자른다

연두색 털철사를 구부려 3개의 산을 만들고(→잎) 나머지는 잘라 끝을 처리합니다.

2

잎을 모은 다음 모은 것의 아래 반을 주황색 털철사로 감습니다. 잎의 제일 하단보다 조금 아래까지 늘린 후 구부려 올립니다.

3

끝부분은 털철사 속에 넣는다

당근 모양이 되도록 아래는 뾰족하고 위는 두껍게 감아 줍니다.

✂️ 사과 만드는 법

🧵 재료

3mm 털철사
(연두색) 1/2개, (빨간색) 1개
길이 : 약 1cm

완성 이미지 : 15페이지

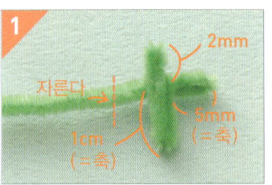

1

2mm
자른다
3mm (=축)
1cm (=축)

연두색 털철사를 사진처럼 구부립니다. 왼쪽 끝을 잘라 처리하고 잎 부분보다 아래쪽 축 부분에 감아 줍니다.

털철사 끝부분

③
②
①

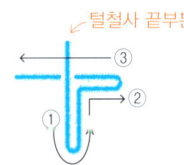

2

자른다

빨간색 털철사를 잎 부분의 아래부터 감아 둥근 사과 모양으로 만듭니다. 나머지는 자르고 끝을 처리한 후 털철사 속에 넣습니다. 잎은 털을 잘라 얇게 만들고 끝은 뾰족하게 만듭니다.

✂️ 바나나 만드는 법

🧵 재료

3mm 털철사
(노란색) 1/2개
길이 : 약 1.5cm

완성 이미지 : 15페이지

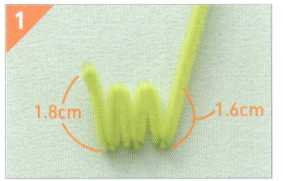

1

1.8cm
1.6cm

털철사를 끝에서부터 구부려 3개의 산 모양을 만듭니다.(→ 송이).

2

꼬아준다
꼬아준다
꼬아준다

위에서 만든 3개의 송이 부분을 각각 꼬아 줍니다.

3

자른다

긴 쪽 털철사를 사용하여 끝부분을 감고 나머지는 자른 후 끝을 처리해 털철사 속에 넣어 줍니다. 송이를 모으고 각각 곡선을 만들어 모양을 정돈합니다.

✂️ 조개 만드는 법

🧵 재료

3mm 털철사
(흰색) 1/2개
길이 : 약 1.5cm

완성 이미지 : 21페이지

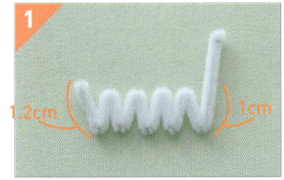

1

1.2cm
1cm

털철사를 끝에서부터 구부려 5개의 산 모양을 만듭니다.(→조개 표면).

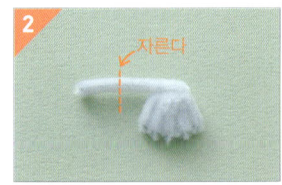

2

자른다

긴 쪽 털철사를 사용하여 끝부분을 감아 ❶에서 만든 5개의 산을 모읍니다. 나머지는 잘라 끝을 처리하고 털철사 속에 넣습니다.

3

감은 부분의 옆을 잡고 꽉 누른 다음 가운데 부분에 곡선을 만들어 모양을 정돈합니다.

푹신푹신 말랑말랑

귀여운 동물 털철사 인형 만들기

1판 1쇄 발행 2017년 5월 3일

저　　자 | 키타나카 아츠시
역　　자 | 이언정
발 행 인 | 김길수
발 행 처 | (주)영진닷컴
주　　소 | (우)08505 서울시 금천구 가산디지털2로 123 월드메르디앙
　　　　　벤처센터 2차 10층 1016

출판등록 | 2007. 4. 27. 제16-4189호

ⓒ2017. (주)영진닷컴

ISBN 978-89-314-5560-1

YoungJin.com **Y.**
영진닷컴